sapientia
サピエンティア 32

国家のパラドクス

ナショナルなものの再考

The Paradox of Nation-States

押村 高 [著]

法政大学出版局

国家のパラドクス／目次

序章　国家の危機をどうとらえるか

はじめに

国家はパラドクスに満ちている。

国民の安全を護り、福祉を増進させるはずの国家が、市民運動を抑圧する装置に変わる。また、国家に命を捧げるため戦地へ赴くものがいれば、虐殺を逃れるため国家を出て難民となるものもいる。国家は主権という法的な地位を保有し、国際法も国境の不可侵と武力の不行使を謳っている。しかし、国家が存続するには、外敵やテロリストの侵入を防ぎ、かれらを撃退するに足る軍事力を保持しなければならない。

国民国家をめぐるこのようなパラドクスの由来を辿るには、そして、われわれがなぜ国民国家のもとで暮らしているのかを理解するため、あらためて国家の生成と展開、国家の理念と現実、そして国家の普遍化の理由について振り返ってみる必要があるだろう。*1 国家のパラドクスを論ずる書の導入として、序章では、国家を歴史的なパースペクティヴで捉え直し、「国家の危機」といわれるものが、国家に内在するパラドクスとどう関連し合っているのかを探ってみたい。

1　国民国家の理念と実際

国民－国家（nation-state）の原型は、領土国家（territorial state）であり、そもそも領土と主権を結合させて国家のプロトタイプを築き上げたのは、西ヨーロッパの絶対王政であった。その後、一七〜一八世紀の西欧の市民革命の過程において国民（nation）が輪郭を現し、かれらが領土国家を永続的な棲家とすることによって、国民国家は誕生した。

国境の内側に住む人々が国民というアイデンティティで結ばれ、かれらが主権を自由に運用する。このような共同体モデルは、まず西ヨーロッパ全土で取り入れられた。非西洋においても、自決を望む人々が、列強による植民行政の遺産である国境を踏襲し、その枠で暮らすようになって、国民国家モデルは中南米、アジア、中東、アフリカへと拡がった。

世界地図を描くとき、誰もが大陸の輪郭を整えたあとに「国境」を書き入れるだろう。一八世紀以降、基本的に政治生活を枠付けてきたのは国境であり、空間と政治、場所と権力の関係を規定してきたのは仕切られた領土であった。世界の隅々までを領土的な主権国家で色分けし、国境の尊重を申し合わせる。そうすれば武力紛争は止み、さらに領土民の意思を集約する政府が、国外から干渉を受けずに問題の解決にあたることができる。

通常、自助（do-it-yourself）システムと呼ばれるこの仕組みは、その由来に因んで「ウェストファリア体制」と名付けられ、領土内の治安、福利、環境を改善するための、また各国の自助努力を通じて世界全体の安全を達成するための最善の方法だとみなされた。

この仕組みにおいては、政府が問題の解決に向け資源や領土民を動員することが可能である。さらに、国外で生ずる安全、貿易、金融、環境などの問題に対しても、政府は領土民を代表する形で「外交」を繰り広げ、隣国、同盟国ないし諸外国政府とともに解決に取り組むよう促される。[*2]

人間がいずれかの領土国家に所属し、いずれかの国籍を持つことを前提としたこのシステムにおいて、主権者の国民は、納税先である自国政府に対して、国民への配慮を怠らないように要請することができるはずだ。そうである以上は、国家という枠においてこそ、国民の自己支配（self-rule）ないし「自己決定」（self-determination）、つまりはデモクラシーが達成されるに違いない。

ネイションズ＝ステイトへ

ところが、客観的に識別が可能な「領土」と抽象的で自称に近い「国民」が結びつくという矛盾を内包した国家モデルは、それが世界システムの基本ユニットとして採用され、各地域に取り込まれたとき、問題を引き起こさずにはいられなかった。[*3] 領土の線引きや囲い込みによる民族離散と祖国喪失、また少数民族に対する同化や抑圧、それらに抵抗するための反乱や内戦などは、その矛盾がもたらした問題の数例でしかない。

列強による征服、支配、抑圧という構図の中で、帝国的支配に抵抗するため、ないしは国民国家を築くために遂行された分離運動や独立運動もまた、栄光の陰に夥しい数の犠牲者を生み出したのである。イスラエル－パレスチナ問題、クルド人問題、ソマリランド問題、チベットなど中国の少数民族問題、カナダの先住民問題もまた、国民国家という区画が、「多数民族」とその裏返しとしての「少数民族」を生み出し、解決を難しくしている事例といえる。[*4]

なるほど、民族の確執が世界大戦を引き起こしたという教訓から、その解決策として「民族自決」(national self-determination) が提唱された時代もあった。二〇世紀初頭、オーストリー、トルコなど帝国の解体が進む中で、紛争の終息と防止に効果をあげ、国家のパラドクスを解消させる切り札として、この原則に期待が寄せられた。しかし、アジア、アフリカ諸国において、独立後もなお内戦、内乱の継続が目撃されるに及んでわれわれは、民族自決の原則でさえ、国家の矛盾の根本的な解消には役立たないことを学んだのである。

つまり、無数のエスニック・グループが存在するこの地球上で「一民族一国家」を追求すれば、幾千の国家が生まれかねない。それればかりではない。心理的要素を多分に含む集団アイデンティティは、意識の覚醒とともに細分化する傾向がある。たとえば、スロヴァキアから分離したチェコがなおボへミアとモラヴィアの差異化をはかっているように、一つの国民を形成していた人々が、歴史の見直しによって別個のアイデンティティを抱き始め、分離を指向する例がみられる。このような場合に、独立という形で自決の原則を貫こうとすれば、国家の数が無限に増え続けるだろう。

結局、二度の世界大戦と多くの民族紛争の教訓を経て、国民国家はすべて「複数ネイション－ステイト」(nations-state) という形でしか存続し得ない点が明らかとなった。国家を「民族自決の手段」とみる立場から「諸民族の共存の手段」とみる立場へと、発想の転換がはかられたといえる。[*5]

主権の問い直し

国家観のこのような変革の中で、国家の魂であり、司令塔であると考えられた「主権」もまた、根本的な見直しを迫られている。

かつて、主権は絶対的かつ排他的なものとみなされた。各国政府は、内政不干渉や主権平等の原則に護られており、国連憲章や強行規範 (jus cogens) に抵触しない限りにおいて、どのような体制を敷くか、どのような法律を作るかを主権的に決定していた。いや各国は、政治選択において完全に自由を得ていると信ずることができた。

けれども、冷戦終焉後、スレブレニッツァ（ボスニア・ヘルツェゴビナ）やキガリ（ルワンダ）において目撃された虐殺や、それとともに明らかになった破綻国家、腐敗国家の存在、さらに内政不干渉の原則が強権政府による人権弾圧の「隠れ蓑」になっているという事態の発生は、主権概念の不具合を明るみに出す。[*6]

実際に、人間の安全が脅かされる事態を座視するにしのびないと感じた国連および国際社会は、一九九〇年代以降、様々な批判を押しのけてソマリア、ボスニア、コソヴォ、リビアなどへ介入を敢行した。それらの経験や教訓を経た国際社会は、内乱、内戦で人命が危険に晒され、なお領土政府がそれを解決する意思も能力も持たない場合に、「人道目的の介入が内政不干渉の原則に優先する」という論理を、おおむね正当と認めるに至った。

国際社会が定式化した「保護する責任」（responsibility to protect）と呼ばれる新しい概念が、普遍的な承認を得ているとは言い難い。しかしそれでも、この概念は次第に国際慣習に取り込まれ、国際法の学説においても重要な位置を占めてきている。国家、地域、文明を越えてこの原則が適用される日が来れば、人命の大量損失をもたらす虞れの高い破綻国家、腐敗国家は、他国から対等に尊重を払われる権利を失い、国際社会からの介入に対して自衛権を盾に正当に応戦することが叶わなくなる。

言い換えると、いったん独立すれば無条件に保障される「国家の生存権」と考えられてきた主権は、非西洋においてその内在的な矛盾が露呈したとき、それを「絶対的な」ものとみなすことができなくなった。

2　グローバル化の中の国家

欧米のごとく国家という枠組みを築き上げた地域においては、市民がデモクラシーを比較的うまく機能させてきたといわれる。市民革命後、それらの国々は国民のまとまりを強化して繁栄と安定を享受し、さらに近年でも、多民族や多文化の民主的共存に向け改革を進めるなど、他地域の模範となる成果を生み続けていた。

しかし、それらの国々もまた、二〇世紀後半に経済、金融、信用のグローバル化という挑戦を受けて、アジア、アフリカの国家建設途上の国々とは別種の、抜き差しならないパラドクスに陥ってゆく。領土的ガヴァナンスの終焉という形でこのパラドクスを表現したのは、政治経済学者のS・ストレンジであった。

国家の退場はそれだけではない。経済に対してとられる国家の政策においても、様々な制約が国家を束縛している。すなわち、利子率やインフレ率のみならず、雇用水準や、国民福祉、医療、教育政策への財源もそうである。これらはみな、国際金融が課す制約によって、ままならないものとなっている。[*7]

何よりもまず、経済の中心が金融に移ったことで、あるいは金融市場のグローバルな連動性によって、政府は経済や金融を有効にコントロールする能力を失った。グローバル市場とリンクした各国経済が予測不可能な変動の波に晒されるという状況において、領土政府が国境という仕切りの内部で金融市場の安定をはかることも、景気や雇用の回復を達成することも困難なのである。

ガヴァナンス能力の低下

今日、経済、金融の領域では、世界市場がトレンドを作り、そのトレンドが政策の制約条件を構成する。各政府の裁量と考えられていた利子率、成長率、関税率などについては、どれほど民主的な政府であっても、世論ではなく市場にお伺いを立てながら、あるいは国際的な取り決めにしたがって設定せざるを得ない状況に置かれている。

一方、グローバルに戦略を展開する企業は、恒久的な施設を税率の高い国に設営するのを避け、課税対象になりやすいものを税率の低い国に集中させる。それればかりか、かれらは資金運用や金融取引をタックス・ヘイブンと呼ばれる避難所へ迂回させることもできる。政策担当者は、資金の流失や国民経済の空洞化を恐れる余り、企業への課税に躊躇いがちであり、領土内のマネーフローのコントロールはおろか、その実態の把握さえままならないことも多い。

市場の変動に翻弄される政府は、長期的な展望にたった政策プラットフォームを掲げ、遂行する能力、また政治的意思を経済・金融政策に反映させる能力を失ってゆく。とりわけ深刻な問題は、民主的コントロールに服さない多国籍企業、国際金融資本、信用格付機関（credit rating agency）などが、マーケットへの影響力拡大を通じて、国家にまで「私的な権威」を及ぼすようになった点かもしれない。[*8] 評価レポートによって一国の信用を左右し、失墜させることもできる「ムーディーズ」「S&P」の台頭は、それらの一例に過ぎない。

なるほど、国家が領土にコントロールを及ぼすことを諦めたわけではない。依然として国家は、信用の創造、担保、強化、そして課税、規制などを行う能力を持ち、国境を通過するカネ、モノ、ヒト、サービスに対する管理能力を取り戻そうともがいている。とくに地域色の強い労働力については、それがコントロールし易いという事情もあって、自由移動を妨げようとするであろう。

にもかかわらず、マーケットパワーは、徐々に「国家のコントロールをすり抜ける能力」を蓄え、国家からの自立性を高めてきている。このような統治空間の「限定性」と経済活動の「越境性」というパラドクスが、国家の将来を不確かなものにしている。

領土という枠で政策を決定、運営、執行するという仕組みがうまく機能しなくなった各国家は、地域全体の、あるいは地球的な問題への対処のため、「自立性を犠牲にしてまでも」地域協力や国際協調に赴くよう余儀なくされている。

経済の課題が「国内での最適な所得配分」から「地域内での有効な資源配分」へと移行したのを受けて、EU構成各国のように、自発的に主権を共同管理に委ねるという国家も出現した。[*9] EUほどではないにしても、東南アジア、北米、中南米、アフリカの諸国家が、地域的なガヴァナンスの樹立に向けて国家政府の権限や役割の見直しに着手し、近隣国との政策協調への道を模索し始めた。いずれにしても、グローバル化に伴う、国家による問題対処の困難性は、国民国家という政治的空間の在り方の根本的な見直しを迫っているのである。

民主的正当性の危機

「国民主権」という土台の上に立ち、「民意による政治」を掲げてきた先進国デモクラシーも、これまでの政治の枠を再考せざるを得ない状況に立たされている。なぜならば、右で述べた領土政府のガヴァナンス能力の低下によって、代表たちの集う民主的議会や中央政府が、国民の声を汲み取る力、国民のニーズに応える力を殺がれつつあるからだ。

かつて一国の政府は、国内における資源の最適配分を目指し、また国外で市場のシェア拡大をはかるため、様々な経済、産業、通商施策を講じていた。有権者の側は、選挙と選挙の間に所得の分配状況をどれだけ改善し、景気をどれだけ拡大させたかという基準に照らして、政府のアカウンタビリティーを評価することもできた。

しかし今日、脱産業化やグローバル化にともなう政策アクターの多元化によって、あるいは多国間の政策協調という名の外圧によって、のみならずいましがた述べた多国籍企業、国際金融資本、外国政府、格付機関などの意思決定への間接的な参入によって、政策過程は複雑化し、その「可視性」が損なわれている。[*10]

政府の政策が「選択」よりもグローバルな状況変化への「対応」や「反応」に近いものとなり、国民いや専門家でさえも、誰がどのように政策を決定し運営しているのか、さらに誰が政策の責任を負うべきかを正確には知り得ない。それがまた、選挙時に政治家を信任するさいの困難につながってゆく。かさねて、諸政府が国内の世論や市民の選好より国外へ公約した数値目標に眼を向けねばならなくなった結果、政策のプライオリティーが、「国民に痛みを強いても」外国企業にとって魅力ある市場を造る点に置かれ、「国民の痛みを和らげる」雇用対策には置かれない。

ネオ・リベラリズムが政策の基調に据えられるなかで、先進各国の政党は、保守、中道、社会民主であるかを問わず、どれほど魅力的な政策を公約しても、それが財政支出の増加を伴う場合、実施に漕ぎ着けることが容易でなくなった。福祉先進国のみでなく成長型の国家もまた、政府の役割を見直さねばならなくなったゆえんである。

このようにみてくると、グローバル化によって政府の政策と国民の選好の間に溝が深まりつつあることは明らかだ。その切断は、「自己決定」としてのデモクラシーをほとんど過去のものにして、議会や政党そのものに対する信頼をも掘り崩しているのである。

3　ネイションのゆくえ

民族を勝利や独立という栄光に導き、なおデモクラシーに不可欠な同胞意識を提供してきたナショナリズムもまた、誕生時より矛盾を内包した思想であった。そしてこの矛盾を拡大し、その矛盾についてあらためて意識させたのもグローバル化である。

すでにみたように、国民の一体感、自決への意欲、国家の統治能力など、ナショナリズムのインフラ・ストラクチャーが弱まってきた。くわえて、移住、難民などのヒトの移動によって、あるいは国際結婚や国際養子の増加によって、自決の「自」がすこぶる曖昧になり、「われわれ」で呼び合える境界が流動している。

ナショナリズムが国民国家の獲得、擁護、発展を目指すイデオロギーないし運動であるところ、「目的」としての国家や国民の輪郭がこのようにぼやけたことで、ナショナリズムもまた、かつてほど聴衆にアピールすることができなくなった。

ナショナリズムの両義的作用

他方で、「グローバル文化」らしきものの浸透も、留まるところを知らない。

市場主義、消費者中心主義、デモクラシーといったイデオロギーを含め、それをアメリカ化と呼ぶべきか否かはおくとしても、スーパーマーケット、ロック音楽、ハリウッド映画、ＣＮＮニュース、そしてディズニーランドやマクドナルドなどが、先進国はもとよりイスラーム文化圏の途上国にまで深く入り込んでいる。その結果、国民はもはや「個性ないし差異を表現し、保全するための唯一の場」でなくなりつつあるように思われる。*11

何よりも、人権尊重という意識の浸透によって、人々はますます個人単位で諸価値の実現を目指すようになり、「国家の利益」や「国民の文化」という考え方に懐疑の眼差しが向けられるようになった。

とはいうものの、それらの変化が、ナショナリズムをただちに衰退に追い込むわけではなかろう。なぜならば、グローバル化は文化交流、人的交流を活発化させる一方で、「外部」や「他者」の認知を促し、かえって人々の集合アイデンティティを覚醒させ得るからである。ここにもまた、国民国家のパラドクスが作用を及ぼしている。

それまで「何人」という意識をさほど持たなかった人々が、グローバル化の影響で国民性や国籍をより強く自覚する場合もあろう。外来文化が流入し、移民が増加した国ほど、言語、伝統などの国民文化を「護る」という政治的な動きが活発化するのは、その証左といえる。それにくわえて、グローバル化へのバックラッシュという現象も軽んずるわけにはいかない。[*12] 国境が溶解し、商品が無国籍化してゆく中で、余計に祖国、土地、血統への拘りを大切にしたいと思う人が増えてきた。アメリカでIrish-American, African-Americanなどのハイフン現象が広まっていることにも、このような背景があるだろう。

さらに、国内の社会システムがネオリベラル思想や外国資本により脅かされるのを警戒する人々が、伝統的な人間関係にダメージを与えないような変革の途を模索し始めた。それらが、「グローバル化を押し留める」モーメントを形成している。

ナオ・ナショナルなディスコース

テロや組織犯罪などグローバル化に伴うリスクの増加は、安全保障アイデンティティを共有しやすい、かつ制度化された共同体であるところの国家について、その役割を再評価させるきっかけをもたらした。9・11事件以降の各国のテロ対策の強化は、グローバル化のリスクに対する警戒心を呼び起こし、「リスクのシェルターとしての国境」という考え方が再び台頭してくる可能性のあることを、十二分に示したのである。

かさねて、現下の経済中心のグローバル化が、市場や資本の自由を拡大することで豊かな北と貧しい南、あるいは南と南にディヴァイドをもたらすことはあっても、地球に暮らす人々に「ナショナリズムを越えた一体感」、つまりコスモポリタン的な感情を育むよう働きかけるわけではなかろう。

文化接触の増大により、アイデンティティが流動化し、分散してゆく場合もあるが、逆にそれに対する揺り返しとして、いや移民の流入、治安の悪化、失業の増加などのグローバル化に伴う不安定要因の増加の中で、安全、連帯、団結のために民族の記憶を覚醒させたいと望む人も増えている。

ヨーロッパで民族主義右翼の台頭が社会問題となり、東アジアの日本、中国、韓国において領土ナショナリズムの言説が復活しているのも、そのことと無縁ではない。しかも、欧米や日本などの先進デモクラシー国では、「ナショナリスティックなディスコースに訴えることで政治家への信頼を取り戻そう」という保守派が現れ、選挙で支持を集めて、この傾向に拍車を掛けている。

アイデンティティはもともと統合と分散という背反するモーメントを含む精神作用であったが、グローバル化の中でそれは、国家を揺さぶる方向ばかりでなく、国家を修復する方向にも力を加えているのである。

4　本書の基本的視座

本書は、これまで述べてきた国家のパラドクスについて、その由来や原因を探り、それが時々のディスコースの中でどのように語られ、どのように克服されてきたかを解明しようとしている。国民国家やナショナリズムのパラドクスについて論ずる本書がまず問うべきは、このパラドクスがはたしてグローバル化によって生まれたものか、それとも、国家が抱えていた矛盾の拡大に過ぎないのか、であろう。この疑問は、西欧を模範とした「国家モデル」が、生成からしてパラドクスに満ちた存在ではなかったか、あるいは、グローバル化が加速する二〇世紀後半よりはるか以前から、国家は解体の危機と背中合わせだったのではないか、という疑問に置き換えることもできる。

ディスコースが育んだリアリティー

本書は、国民国家の危機が必ずしもグローバル化のみによって引き起こされたわけではない、という観点から著されている。

章を追って明らかにしてゆくように、「自称」国民が、領土という物理的な空間に居場所を占めることで誕生してから、国民国家はつねにパラドクスに悩まされてきた。実際に、グローバル化以前にも、国民と領土の枠が完全に一致する国家は存在しなかったし、単一国民によって構成される国家も、絶対的かつ排他的な主権を掌握できた国家も例外だったといってよい。換言すると、国民国家はいわば「理念型」を越えるものではなかった。

パラドクスに悩まされながらも、国家はなぜ「現実的なもの」と考えられ、追い求められ続けたのか。その答えを導く鍵が、国家そのものにではなく、「統合された領土、絶対的な主権、単一の民族より成る国家」というディスコースの放つ「リアリティー」にあったと、著者はみる。

そのディスコースは、一方では「国家には本質がある」と考えたナショナリストによって定期的に息を吹き込まれ、他方では国家を合理的アクターに据えた国際慣習や、それを擁護した現実主義者によって補強された。このディスコースは、国際政治でまさしく行動文法の役割を果たし、さらに政治学や国際関係論という学問にも基本的な概念枠組みを提供してきたのである。

コンストラクティヴィストの観点からみれば、このディスコースのお蔭で国民の多くが、他国は「国民国家としての三つの条件を満たしており」、「一丸となって国益追求に励んでいる」と信じていたとしても、さらに「他国との生存競争に勝ち抜き、国家として安全を確保するためには国家への忠誠心が不可欠である」と考えていたとしても、別段、驚くには値しない。

そのようにみてくると、グローバル化で危機に立たされているのは、国家そのものではなく、むしろ、国家を「共同体の本来の姿」と捉えるディスコース、そして多様であるべき人間のアイデンティティの中でもとくに等質的国民に優越を与えてきたナラティヴ、であることがわかる。そして著者が、国家やナショナリズムにアプローチする方法としてコンストラクティヴィズムという手法が有効ではないかと考えるゆえんも、ここにあった。[*13]

本書の構成と各章の目的

ディスコースがどのようにして国家へリアリティーを供給していったかを突き止めるには、国家をまず領土、主権、国民などの構成要素に分解し、個々のディスコースの意義と真実性を、歴史的な背景に照らして検証してみる必要があろう。

その分析は、国民国家を数世紀という時間軸に置き直すという意味で、プレ・モダンとの連続や断絶に注意を払わざるを得ない。同時にまたその分析は、国民国家の時代的性格（近代性）を暴くという意味で、ポスト・モダンの認識論に手掛かりを求める必要があろう。

したがって、本書の第Ⅰ部「国家の普遍性と特殊性」は、領土（第一章）、主権（第二章）についての系譜学的な検討により開始される。著者はそこで、近代の国民国家のディスコースが中世慣習の限界の自覚から生まれた点を確認し、国家誕生時にパラドクスがどのように識別され、またディスコースの中でどのように克服されていったのかを検討する。

そののち、国家主権に真実性を付加したものが、モダニズムや「近代的思惟」であったことが、ディスコース分析によって明らかにされる（第三章）。さらに著者は、国家ディスコースの中核を成した安全概念について、その今日的レリヴァンシーを、台頭しつつある「人間の安全」との関わりから考察する（第四章）。

続く第Ⅱ部「先進国ナショナリズムの隘路」では、ネイションを形成、維持、防衛する思想であるナショナリズムを取り上げ、それが、何らかの本質から湧き出てくるものではなく、偶然の出来事や特定の認識、あるいは主観的な意思によって構成されてきた経緯を明らかにしてゆく。

そのさいに、国や地域、そして時代という「具体的な相」のもとでナショナリズムを「過程」として考察し、その両義性の由来をとくに「対外認識の形成」と「ナショナリズムの生成」との相互規定的な関係に求める。

ここで紙幅を割くのは、先進デモクラシーの国といわれてきたイングランド（第五章）、グレート・ブリテン（第六章）、アメリカ（第七章）についてである。三つの事例の検討を通じて著者が浮き彫りにしたいのは、ナショナリズムが時々の対外認識に大きく規定されていたという点、そして、それらのナショナリズムのリベラルかつシヴィックな性格こそが、両国が帝国に向かうさいの重要なモーメントを形成したという点である。

最後に、日本のナショナル・ディスコースに眼を向ける。「護ること」と「自立すること」が異なったベクトル作用を及ぼすという点に両義性をみて、「ナショナリズムと安全保障の相克」という観点から、日本ナショナリズムの過程と特質、ならびにその精神的な作用を炙り出してみたい（第八章）。

注

＊1　本書が扱う国家のパラドクスの具体的内容とは、①領土概念の客観性と国民概念の主観性、②地理的な国境と精神的な境界、③主権の絶対性と承認の他者依存性、④国家の自立的意思と状況規定性、⑤国民の本質論的な理念と構成主義的な現実、⑥ナショナリズムがもつ統一的モーメントと分散的モーメント、⑦法律・政治における管轄の領域性と経済・金融における活動の脱領域性、などである。

＊2　近代以降、個人でも中間団体でもなく国家を主体に設定する西欧の主権国家システムが拡大し、普遍性を獲得したのは、国家（あるいはその代表としての君主）が自己利益を計算する合理的主体、理性的に行動する外交主体というイメージを獲得したからだと解釈することもできる。Jack L. Goldsmith and Eric A. Posner, *The Limits of International Law*（Oxford: Oxford University Press, 2005）, pp. 4–10; Hedley Bull, *The Anarchical Society: A Study of Order in World Politics*, 3rd edition（New York: Palgrave, 2002）, p. 20. ビーサムのいうように、そのさい国家がとくに効率性を発揮し得ると思われた領域が、経済と軍事であった。David Beetham, "The Future of the Nation State", Gregor McLennan, David Held and Stuart Hall（ed.）, *The Idea of Modern State*（Buckingham: Open University Press, 1984）, pp. 208–22. したがって、いま経済・金融や安全保障の課題が国家のみによっては合理的に処理できなくなったことが、国民国家モデルの行き詰まりやその正当性低下の最大の原因であると考えることもできよう。

＊3　この問題は、国民概念の多くが集団の「自称」や「自己理解」によって成り立っており、それが人類学、社会学、歴史学、心理学いずれにおいても客観的に捉え難い存在である、という形で言い換えることもできる。なお、国家と国民の現実における不一致は、前者が論理的説明の対象となる「理念」であるのに対し、後者が自称や意思に基づいた「感情」であるという以下の指摘が示唆に富む。Jean Roy, "Le Sentiment National et l'Idée de L'État", *Cahier de Philosophie Politique et Juridique*, No 14（1989）, pp. 209–25.

＊4　多数派‐少数派の出現を国民国家モデルの限界とみて、その限界の詳細を分析し、国民国家に代わり得るモデルの探索を試みたものとして、以下を参照。Michel Seymour（ed.）, *The Fate of the Nation State*（Montreal:

McGill-Queen's University Press, 2004). セムールによれば、国民国家の代替モデルを構想するとすれば、その説得性は、それが少数派問題の解決やマイノリティー・ナショナリズムの沈静化に貢献できるか否かに依存している。

＊5　このことは、自決原則が国際法上も意味を失ったということを必ずしも意味しない。植民地に留め置かれた地域、あるいは帝国的支配に服し、同化を強いられていた民族にとって、なお、自決の承認が問題解決の有力な方法である。しかし、コソヴォ、南オセチア、アブカジアの例をみれば明らかなごとく、民族自決の承認があらたな紛争の火種を作る側面を持つことは否めない。さらに、現在でも自決の承認獲得のため、二六の武力紛争が戦われている。Marc Weller, *Escaping the Self-determination Trap* (Leiden: Martinus Nijhoff Publishers, 2008), pp. 13–22.

＊6　この主権概念の再検討は、なによりもコソヴォ紛争を契機に湧き起こった、「介入の是非」を巡る西欧内部の論争でもあった。この点をディスコース分析によって明らかにしたものとして、Helle Malmvig, *State Sovereignty and Intervention: A Discourse Analysis of Interventionary and Non-interventionary Practices in Kosovo and Algeria* (Abingdon: Routledge, 2006) を参照。

＊7　Susan Strange, *Mad Money: from the Author of Casino Capitalism* (Manchester: Manchester University Press, 1998), p. 180（櫻井公人ほか訳『マッド・マネー――世紀末のカジノ資本主義』岩波現代文庫、二〇〇九年、三六八頁）.

＊8　Rawi Abdelal, *Capital Rules: The Construction of Global Finance* (Cambridge Mass.: Harvard University Press, 2009), esp. ch. 7; A Common Language of Risk: Credit-rating Agencies and Sovereigns, pp. 162–195; Rodeney Bruce Hall and Thomas J. Biersteker (ed.), *The Emergence of Private Authority in Global Governance* (Cambridge: Cambridge University Press, 2002).

＊9　地域統合と国家主権の行方については、以下を参照。「地域統合と主権ディスコース――EU事例と東アジアへの適用」山本吉宣・羽場久美子・押村編『国際政治から考える東アジア共同体』ミネルヴァ書房、二〇一

二年、六二―八〇頁。

＊10　著者はこの問題を、「グローバル化が政治的アカンタビリティーの水準に及ぼす変化」という観点から扱ったことがある。押村高「断片化するアカウンタビリティ――日本におけるグローバル化と政治的責任概念の変化」眞柄秀子編『デモクラシーとアカウンタビリティ――グローバル化する政治責任』風行社、二〇一〇年、一三一―一五五頁。

＊11　マスカルチャーの浸透がナショナリズムに与えるインパクトについては、以下を参照。押村高「国民アイデンティティの流動化――ポスト産業化、グローバル化、ＥＵ深化のなかで」文倉寿子・押村編『21世紀ヨーロッパ学――伝統的イメージを検証する』ミネルヴァ書房、二〇〇二年、一二一―一三頁。

＊12　グローバル化がアイデンティティ形成に与える「収斂」と「分散」という二重作用については、以下の文献が詳細な分析を試みている。Mark R. Brawley, *The Politics of Globalization: Gaining Perspectives, Assessing Consequences* (Toronto: University of Toronto Press, 2008), pp. 159–76.

＊13　国家の形成を、パワーや利益によるものでも国際慣習によるものでもなく、「アイデンティティの同質化」と「自己‐他者」の選り分け作業の過程、さらに、そのようにして生まれた集団による正当性付与の過程であると捉える、コンストラクティヴィストの野心的な試みとして、Heather Rae, *State Identities and the Homogenisation of Peoples* (Cambridge: Cambridge University Press, 2002) がある。

第 I 部

国家の普遍性と特殊性

第一章　領土性の定着とその矛盾

はじめに

移送手段の発達によって、距離や時間の感覚が揺らいでいる。とくに近年のグローバル化に伴うヒト、情報、モノの移動の増加は、人間にとっての場所の意味を変質させ、さらに、コミュニケーション技術、通信技術の進歩が、土地という束縛から人間を解放しつつある。

私と公、内と外などの境界を曖昧にするこれらの大規模な変化は、政治生活にも影響を及ぼさずにはすまないだろう。二〇世紀後半に加速されたグローバル化やネットワーク化の進展とともに、領土を前提とした統治の有効性に疑問が投げ掛けられ、公共空間の再定義が日程に上っている。

第I部の導入部分となるこの章では、国家の三要素の一つ「領土」が孕む問題を探るため、近代的な領土認識がどのように生成したかを振り返ってみたい。そのような作業から始めるのは、今日の国家を普遍的なものとしてではなく、一時代（西洋近代）の所産として捉えることこそが、新しい政治空間のパラダイムを展望する第一歩になると思われるからである。

1　排他的な領土概念の成立

人類史を顧みるに、人間は、必ずしもつねに時間‐空間の等分認識に基づいて政治を考えてきたわけでも、「土地と権力が結びついた」いわゆる領土をもとにした共同体組織の中でのみ暮らしてきたわけでもない。

世界史を紐解くと、出エジプトののちシナイ半島を放浪した古代イスラエルの民から今日のクルド人に至るまで、領土を拠点としない共同体が政治を持ち、長きに亘り存続した例が無数に書き記されている。今日においても、イスラームの一部では、法律について属地主義的ではなく、居住地がどこでもイスラーム法典「シャリーア」（sharia）が適用されるという属人主義的な解釈が採用されている。

領土主義を生み、輸出したとされるヨーロッパにおいてさえ、普遍思想や越境思想が支配した中世では、人々が近代とは異なる時空認識の中に生きていた。つまり、世俗的な領土といえども、それを自由意思で所有し、その区画を自由に設定、変更できるとは考えなかったのである。

たとえば、キリスト教徒にとって、土地とは神からの授かり物であり、時間とは神の世界計画の実現過程である。そればかりか、福音書の教えによると、かれらの国籍は「天にあり」此の世にはなかった。つまり世俗の領土は、持続的な幸福や正義をもたらすのに相応しい場所ではなかった。

さらに、中世初期にカトリック組織が確立されてから、聖職者にとっては、王国の境界に劣らず教区（parish）が重要な意味を持っていた。統治権限を付与された世俗支配者も、教会という普遍的なるものの権威付けによってその地位に留まるを許されたに過ぎない。この事実は、領土の所有や耕作という一見して世俗的な問題が、究極においては宗教原理で統率されていたことを物語る。

中世ヨーロッパにおける土地と権力の重層的関係

中世ヨーロッパ政治地図の特徴は、聖と俗とが入り混じり、教権と帝権とが交錯するという、勢力範囲の重層性である。近年、来るべきポスト・ウェストファリア体制を、「新しい中世」になぞらえる見解が流行しているが、この見解の中に描かれる権力の多元的なイメージもまた、中世における権威の成り立ちの複雑さを反映したものといえるだろう。[*1]

なるほど中世に、究極の主権者たる神はいた。しかし、神の意思を代表する教皇や、世俗の最高権威者とされた神聖ローマ皇帝でさえ、西ヨーロッパ全域へ権威を及ぼすほど強力だったわけではない。むしろ同じ土地の上に、封建領主、国王、皇帝、教皇、司教など複数の権威体が支配を主張し合っていたのである。

われわれは、国家と言えば、明確に境界線が規定された領土に対して主権を行使する存在としてそれを考える傾向にある。近代において領土は、排他的で画一的に管理・運営されている。「領土の外」には外交的な慣習が見られるが、他国に対する内政不干渉の原則は、このような国際社会の在り方を示す典型的な事例である。ところが、中世はこれとは逆のイメージになる。原則的に、中世の領土は支配者自らの能力に応じて大きさも決まってくる。[*2]

このような権限布置の由来を辿れば、帝国末期にローマへ侵入したゲルマン人の共同体組織にまで行き着くかもしれない。すなわちゲルマン人は、複数の大親族をもとに共同体を形成し、私有をわずかしか認めなかったといわれる。しかもかれらの集団は、戦士共同体という側面を持ち、重要事項を集会で決定するなどの「反集権的」な特徴を備えていた。[*3]

西ローマが滅亡したのちの西ヨーロッパにおいて、八世紀末にシャルルマーニュ（カール大帝）によってゲルマン国家の統合が目指される。しかし、精神的統一の枠組みを作ったとはいえ、八〇〇年のかれの戴冠もまた、一元的な支配をもたらすには至らなかったとみられる。実際に、史上初の本格的な領土分割といわれる八四三年の「ヴェルダン条約」(Verdun Treaty) によって王国がほどなく三つに分割されたからである。

シャルルマーニュは、キリスト教的なるものとゲルマン的なるものを融合させ、むしろ重層的、多層的な権限構造を定着させたという方が適切であろう。こうして、フランク王国の統一と分裂の結果、ヨーロッパには多様性と全一性が交錯する多元的な秩序、「統率されたアナーキー」とも呼びうるような秩序が稼動を始める。

権限の重層性は、中世に暮らす人々のアイデンティティにも反映されていった。ヨーロッパの封建社会を通じて、領民は封建領主、国王などの複数のものに忠誠を約束し、同時に越境的なカトリックに宗教的、精神的アイデンティティの拠り処を求めていた。これは、近代の領土国家とは異なった忠誠心のあり方を示すものといってよい。

そればかりではない。日常生活の場面では、政治経済を司る上層部の主要なアイデンティティが、土地よりもむしろ「家紋」に向けられている。同じ王国に暮らすからといって、かれらがアイデンティティを共有したわけではなかった。より一般的にいえば、ヨーロッパの中世を通じて、王家、聖職者、貴族、平民は、それぞれ等族としての集合意識やネットワークを育み、むしろ封建国家の中では競合するのが自然であった。

統治の範囲もまた流動していたが、これは、管轄できる領域が個人の勢力の及ぶ「同心円」の範囲でしかなかったからといえる。その意味で、封建君主は、かれと契約で結ばれたものを支配していたに過ぎない。中世社会が領土国家と決定的に異なるのは、君主といえども、領土民すべてに忠誠を要求できるわけではなく、領土民に己の法律を一律に強制できるわけでもなかったことである。

そのうえ、地図という観念が未成熟、その技術も未発達であった中世には、領土が「多孔質」なものとして捉えられ、また境界の多くが線ではなく「ゾーン」もしくは「破線」として認識されていた。

それゆえ、境界部分の所有権もまた、中世を通じてかなり不確かなままだった。周辺部においては、時としての二重、三重の権威が及び、なお誰もそのことに異議を申し立てない、という状況も起り得たのである。

近世都市と領土的政治経済の生成

一五世紀を境に、ヨーロッパの政治経済地図が徐々に変質してゆく。この変質は、いくつかの変化の複合として捉えることができよう。まず、土地生産力の飛躍的増加とともに、イギリス、フランス、ドイツにおいて中世都市が勃興し、エリートたちの世俗的領地に対する認識を高めた。つぎに、複数の都市が物流ネットワークで結ばれ、それが領土国家の政治経済的な基盤へと成長するのである。[*4]

中世末期、生産性や生産技術の向上によって商品流通が活発化し、拠点としての都市には物流を正確に把握する必要が生まれた。土地の組織化のため、領地内で交通と輸送を改善し、モノとヒトを市場に連動させる作業が進行する。その作業のお蔭で、領地は市場を中心としてまとまりを強化することができた。

こうして、単に住むためにではなく、生産性を高めるために都市を改造する試みが始まった。これはまた、中世末期の都市において、領地を神的、自然的な所与と見る立場から、市場環境に応じて合理的に操作、加工できる変数と見る立場への転換が促されたことをも意味している。

さらに、都市の繁栄とそこにおける富の蓄積によって、実利の観点から土地の重要性の自覚が高まったのとほぼ同じ頃、イタリア半島において、いまひとつの領土主義の胎動が見られた。

ミラノ、ヴェネチア、フィレンツェなど、都市を中心として公国、共和国、教皇領が乱立し、一五世紀に勢力均衡に近い構図が現れていた。それらが競って独立した政治空間を築き、土地と権限の新しい結合様式を生み出す。その結果、イタリアの諸国家は、何処よりも早く「領土的な自立」を手にする。なぜならばイタリアの都市住民は、「領土内で権限が競合することの危険性」を察知し、行政エリートが、最初は教皇や皇帝から、そして次に財閥の私的な権勢からの独立を望んだからである。*5

イタリアの諸都市は、相互の確執に付け込まれ、神聖ローマやフランスの侵攻をいったんは許したものの、一五五九年（カトー・カンブレジ条約の締結年）にそれらを押し戻す。その後、権威の競合をいかに解消するかが統治の課題となり、権限の範囲をいかにして重なり合わないように配置するかが政治的な争点となった。

このイタリアの新しい議論は、領土をまったくの世俗的なもの、つまり生産や統治のために用途を変更し、勢力の及ぶ範囲を維持し、自由意思で譲渡し得るもの、とみなす哲学が台頭したことを意味している。フィレンツェの外交官マキアヴェリが練り上げた、権勢に語源を発する国家 stato、かつ近代国家概念のプロトタイプとされる stato の概念もまた、イタリア半島における領土観の転換から生まれてきたものといえよう。

2　領土主義の定着

近代的かつ世俗的な空間認識をもたらし、広めたものとして、「地図」の存在を忘れることはできないだろう。神からの授かり物を保全するのではなく、世俗的な土地や領民を効率よく管轄するには、所有についての具体的イメージを湧かせてくれる、脱神話化された地図が不可欠であった。

ブラック（Jeremy Black）によれば、信頼に足るヨーロッパ地図と、明確な実線で示すことのできる近代的な境界は、君主の所有権が「管轄権」を含むようになった一八世紀中頃以降に誕生する。[*6] 国境の画定は、境界紛争の解決のための条約に外相や君主が署名するという慣行によって生まれた。

国境の重要性に目覚めたフランスでは、一八世紀半ばに、隣国との境界について調整し、交渉する「地勢局」が設けられている。境界が画定すれば管轄がいっそう安定したものとなるため、君主にとって、境界紛争を予防する仕組みを作ることのメリットは少なくなかった。

こうして地図上の境界は、戦略的、地政学的な思考を生み、君主をはじめとする統治者たちに対して、領土の拡張や他国への侵略といった戦略を練り上げるための合理的な土台を提供したのである。

地図の完成と管轄権の画定

かつて、国境は線ではなくゾーンとして認識され、そのため、ゾーンを巡って争いも絶えなかった。

けれども、地図という平面上で各国の位置関係が明確になるにつれて、領土についての係争点も合理化され、とりあえず休戦、停戦、講和から次回の戦争までは、領土にそれなりの尊重が払われるようになる。

地図の誕生によって、戦争の目的に変化がもたらされ、それにつれて国家の形態も変化した。実際に、一八世紀のスペイン、ポーランド、オーストリー、バイエルンの王位継承戦争は、かつてのように富裕な都市を攻略して富を略奪するためではなく、主に支配者の「管轄権」を巡って、一定のゲームのルールに則って戦われている。

他方で、管轄権の書面による画定は、各君主の領土内においても、その副次的な効果として、権限の競合を解消するための中央集権化を容易にした。スペイン、フランス、バルト諸国、北欧諸国においては国王が、「内なる外国」としての地方領主を自らのコントロール下へ編入し、権力の凝集性を高めてゆく。ある場合には武力によって、他の場合には王朝間結婚や行政組織の整備によって、封建的アナーキーを克服する過程が始まった。その結果として、封建領主たちがモザイクを成していたヨーロッパ地図が、徐々に中規模の君主国家で埋め尽くされる。

ティリー（Charles Tilly）によると、一五〇〇年のヨーロッパには、およそ五〇〇の政治ユニットを認めることができた。そのため、境界の見取り図を描く作業は困難だと思われた。しかし、一九〇〇年にそれらの数は二五まで減少している。[*7] 独立国家の数が数十であれば、その境界と所有者すべての名前を記した地図を描くのはさほど難しい作業ではなかろう。

一八世紀ヨーロッパの人々にとって、所有者のいない「無主地」（no man's land）をほぼ消し去ったヨーロッパ地図は、「合理性」ないし「文明」の象徴であるかのように映じていた。このことは、一八世紀ヨーロッパ人の描くヨーロッパ地図が中規模君主国で埋め尽くされているのとは対照的に、かれらの想像する中東、アジアの地図に広大な土地を持て余す専制君主が鎮座していた点からも窺える。

こうして、平面に分割線を敷き詰め、領土の所有者を明記した地図の完成により、国境で仕切られるヨーロッパ地図が人々の意識に浸透した。今日、地図上で大陸の次に描かれるべきは国境線であることが、このとき以後、われわれが無意識に国境で区切られた世界地図を想起してきた証拠である。

合理的な空間管理の象徴としての国境

国境線を画定する最大のメリットは、主権者であれ国民であれ、自らの権限に属するもの、国の中を行き交うものの把握が容易になり、もって国内の統治が安定することであった。原理的には、国境の内側における活動の一切が、主権者の管轄のもとに置かれる。

このような合理的な領土観の確立は、さらに、政治社会の体制、なかんずく法が統治に果たすべき役割に大きな変化をもたらした。なかでも、統治が、「解釈に曖昧さを残す」自然法や慣習法に頼るのを止めて、領土的な立法を主な手段とするようになった点が決定的に重要であろう。

ローカルで多様な慣習という性格の強かった法律は、政策を運営するための、そして管轄権の隅々まで課税を強制できる「立法」に置き換わった。それに応じて、国と国との境界は立法の強制的な適用を受ける人間とそうでない人間を分けるラインとしての機能を獲得する。法的な権利－義務の関係で結ばれる平等な「市民」と、国外由来の「非市民」という区別の誕生、そして「法属地主義」の定着である。

いつの時代でも、国家の中心的機能は、国民のアイデンティティを保護し、国境を画定し、防衛し、市民権の規則を明示し、時代につれて変化するこの規則に従う人々に排他的な市民権を所有させることであった。*8

「国家とは一定の領土内において正当な暴力の独占を許された」共同体であるというM・ウェーバーの定義に代表される近代的な政治観、つまり領土の隅々にまで排他的な統治を浸透させ、主権者に領土の排他的占有を許すという発想まであと僅かであり、領土国家に民族を住まわせて、それを生存圏（Lebensraum）として認識するまではあと数歩しかなかった。

一九世紀の人々はまた、ヨーロッパという土地を領土国家で埋め尽くすことにいま一つの合理的なメリットを発見していた。つまり領土の責任者を確定できれば、万一境界を越える紛争が勃発しても、主権者を交渉主体として講和に招集することで、収拾の見通しが立つ。講和会議で取り交わされた条約は、その締結者が管轄権を持つ領土政府を代表しているからには、各国内での履行が約束されるだろう。

こうして、領土と管轄権の結合によって、各地域を代表するプレーヤー（外交官）が一つのテーブルに着き関係の改善を話し合うという「近代外交」の端緒が、ヨーロッパで開かれた。次章でわれわれがみるように、各国が国内体制を合理化し、さらに対外的な行動の合理性を高めることによって、ヨーロッパに秩序がもたらされると考えられたゆえんである。

3　領土主義の非西洋への浸透

合理的な空間管理モデルとしての領土国家は、一方で、西洋の力の優越によって西洋外に移出され、他方で、西洋の合理主義に倣おうとした非西洋のエリートによってラテンアメリカ、アジア、アフリカに移入された。西洋列強はまず、中南米、中東、アジア、アフリカを分割して統治するため、植民地の区画調整を行った。

冒険、探検、征服や入植を企てた人々にとって、非ヨーロッパ社会は政治的、文化的な「空洞」であり、自由に線を書き込めるカンバスであるかのように映じていた。スペインとポルトガルが結んだ一四九四年の「トルデシリャス条約」（Tratado de Tordesillas）は、地表や海洋のほぼすべてを人為的な「管理」の対象とみなし、早くも地図上に「分割線」を書き入れるという手法を持ち込んだ。

このように、非西洋の境界線の多くは、開拓地、伝道地、ないし植民地の獲得競争の解決策としてもたらされたものだ。のちに各地で国境線の画定に「当事者」として積極的にかかわったのは、ほかでもなく海軍力を誇り陸地の四分の一を手に入れた大英帝国であった。こうして、西洋列強において、地理学はまさしく勢力拡大戦略のもととなる「地政学」へ生まれ変わったのである。

非西洋の空間概念との衝突

もとより、非西洋の各地域、とりわけ中南米、北米、中東、アフリカ、アジアの人々は、土着の時間-空間概念、および独自の土地観の下で暮らしていた。たとえば、非西洋の遊牧民は、国民国家とは異質な集団の維持方法に従っている。モンゴル史の杉山正明は、このことを、国家概念を一般化する傾向への批判を込めて次のように述べている。

> 肝心なことは、こうした（アフロ・ユーラシアの）世界にあっては、山麓の湧水線や泉地、山間の渓谷、もしくは河川が急に平地にでて、地中の塩分をまだあまり吸い上げていないところ、つまりは広い意味でのオアシスを除くと、人間は一ヵ所に定住したかたちでの生活をいとなむのはむつかしかったことである。農耕はもちろん、定住型の牧畜もまずむりである。
>
> ところが、広大なこうした大地に生きる人びとがいた。牧畜移動民、いわゆる遊牧民である。人類は、遊牧というかたちの生活方法をつくりだすことによって、広大な乾燥した「不毛の」大地をも、生活圏とすることができた。このことのもつ意味は、じつに大きい。
>
> （中略）

しかし、農耕をせず、都市に暮らさず、定住生活をいとなまない遊牧民は、西欧を中心とする近代国家の枠組みのなかでは、もっともマージナル化してとらえられる存在であった。そのため、歴史上における遊牧民、そしてかれらがつくった国家についても、マージナル化、矮小化してとらえられがちとなった。[*9]

さらに、かつて華夷思想の下で生きていた中国においても、「国」は文化圏として認識され、それが他国との固定された境界ぎりぎりまで支配する機構を意味することはなかった。人口圧力に悩まされた漢民族を名乗る中央が、他の民族の住む周辺をときに応じて含みまた排除するという、きわめて流動的な勢力圏が国家だったのである。[*10]

一方、中東、北アフリカのイスラームの神権政治においては、統治は世俗の勢力圏ではなく、宗教や文化と関わっており、いわゆるウンマ（umma）と呼ばれる宗教共同体と非（未）信者の住むそれ以外の土地との間こそが、真の境界に相当するのであった。[*11]

一七世紀以後、西洋の進出によって、かれらが持ち来たった領土観と各地域の土地観との競合が生まれる。しかし、西洋の力の優越によって、やがて境界で区分けされた空間が各地域に広がった。そして、中南米、アフリカ、アジアもまた、その境界を基に国家らしきものを築くことになる。

人為による境界設定

レーダー（Philip G. Roeder）の研究によると、一八一六年から二〇〇〇年までに一九一の国家が誕生するが、そのうち一一八は植民地がその区画を踏襲しつつ独立したものである。この数字からは、いかに列強による非西洋の植民地化が、世界を領土国家に区分けする要因となったかが窺える。[*12]たとえば、中南米地域の大半では、スペイン系入植者による植民区画の中で、移民とその子孫たちにより、あるいはクレオールやメソティーソによって、集合アイデンティティが形成されてゆく。それはそのまま、様々なマイノリティーを内に含みながらも、一九世紀にスペインからの独立運動を進める上での枠組みに成長する。

封建制度による境界を持たなかった北アメリカでも、外部勢力によって土地の奪い合いが演じられた。そのさいに、ネイティヴなインディアンたちが、入植者の論理にしたがって移住させられ、居住区（reservation）に押し止められるなどの扱いを受けている。とはいえ、北アメリカにラテンアメリカやアフリカのような領土的パッチワークが固定されることはなかった。なぜならば、一八世紀以降、植民地の住民、とくに西洋起源の人々に行政区画を横断した連帯感情が生まれ、かれらが宗主国による色分けを越え、北米大陸の主要部を獲得して独立を果たしたからである。

独立や建国のさいに北アメリカは、いわゆるヨーロッパの国民国家とは異なる領土管理の方法を考案した。それは、分散と統合を両立させるという仕組みであり、「連邦制」と名付けられた。つまり、空間を主権的な管轄権で仕切るという西洋の合理的手法は、それがアメリカないしカナダに伝えられたとき、多産なヴァリエーションを生み落としたのである。

一方、農耕、狩猟、採集、遊牧が多元的に並存し、排他的な境界概念とは無縁だったアフリカ大陸では、西洋列強により地図上での領有権の調整がはかられた。先占権を認めた一九世紀後半の「ベルリン会議」(一八八四〜八五年)と、その結果としてのスーダン・ウガンダ、ナイジェリア・カメルーンの境界は、その由来をみるかぎり、外部の強者による人工的な区画以外の何ものでもないだろう。

しかも、アメリカ大陸とは異なり、アフリカでは西洋の合理主義的な領土観がプラスの効果をもたらすことは希だった。プランテーションと現地民の隷属化、労働力を流出させた奴隷貿易など、ヨーロッパのアフリカに対する関与は有機的な人間関係や社会の持続可能性を無視しており、入植者と現地人の混交もさほど進まなかった。その結果、アフリカの多くの地域には、不自然な仕切りが集団生活の障害として残されたのである。

アフリカ諸国の独立もまた、この問題を複雑にしたといってよい。なぜならば、アフリカの人々が第二次大戦後に勝ち取った独立とは、区画内に偶然住んでいた人々による独立だったからであり、領土もまた、民族の住処ではあり得ず、宗主国の行政区間を基に作った空間、かつ宗主国に対し共に抵抗した人々の住む空間でしかなかったからだ。

アフリカでは、外部者とかれらの意向を汲んだ現地支配者により境界が画定され、その下で生きる様々な住民が、一方でトライブ(tribe)という侮蔑的な名で呼ばれる枠に分割され、独立後は国民という人工的な枠に押し込まれて、戦後とりあえず領土に主権が付与されるという構図になったのである。

国際法が現況に与えた「合法性」

このように、非西洋の一部地域においては、植民地化の遺産としての区画が、土着の慣習を無視するなどの不自然さから、戦争の火種になる惧れも高かった。とくにラテンアメリカやアフリカにおいて、無主地の奪い合い、さらに境界の正当性の不足はいっそう深刻な問題だった。境界が紛争の火種となるのを予防するため、自然的障害（山、川、海など）や慣習に変わる何かが必要とされたのである。

そのような課題を解決すべく生み出されたのが、西洋の引いた区画の法的な追認と、それを補完する形で「境界の不可侵」を規定した条約であるといってよい。中南米やアフリカにおいては、慣習上定着しているラインを合法化するという手法が考案され、実験に移される。一九世紀前半にペルー、チリ、エクアドル、コロンビアが独立するにあたって、スペイン統治時代の行政区画を境界として採用したのが、その先駆的な事例とされる。

そのさいに、正当化の基礎付けとして持ち出されたのが、ローマ法の概念の一つである **Uti Possidetis Juris**（占有するがまま占有を続けよ）であった。[*13] この原則によると、境界を跨ぐ二国に「現状とは異なった線引きについての合意」が形成されない場合は、慣習的に境界とみなされていたラインがとりあえず国境に格上げされる。

これによって、南米では一八一〇年時、中米では一八二一年時の区画が、規範としての意味を獲得することになった。その場合、現地に暮らす人々の多数派は、植民行政の中でそれなりの集合アイデンティティを形成しており、その枠でかれらが独立を手にすることには合理性が認められた。

この原則は、バルカン半島においても、それまでトルコ、ハプスブルクなど帝国の支配を受けていた地域、境界が入り組んだ地域の紛争解決策として有用性を発揮してゆく。さらにそれは、平和的共存の基盤を提供するものと信じられ、一九六〇年代に民族自決の原則とセットになって、アフリカの国々の国境画定の手段として用いられた。

司法プロセスもまた、国境の正当性の不足を補うために動員されている。「常設仲裁裁判所」は一九二八年に、領土主権に公的な認知を与え、戦後の「国連憲章」も、この慣習を追認する形で領土全体（territorial integrity）の不可侵を謳い込んだ。[*14] かさねて、国際司法裁判所は、八〇年代以降、ブルキナファソとマリの国境紛争、エルサルバドルとホンジュラスの境界紛争においても、この原則の有効性を確認している。裁判所は、当事者が「この原則をひとまず承認する」ことによってのみ、対話による平和的な問題解決への道が拓けると判断したのである。

国境の凍結という解決策

ホルスティ（K. J. Holsti）によると、今日のステイト・システムや国際法においては、領土に関して次の八項目が合意されている。

1 現存する領土的境界のみが、合法で正当である。
2 武力の使用や威嚇によってなされたいかなる領土変更も、正当化されない。
3 領土の見直しは、交渉を通じてなされなければならない。
4 領土の見直しは、民族自決の原則に合致するものでなければならない。
5 領土の見直しは、それによって影響を受けるものの同意を必要とする。
6 それによって影響を受けるものとは、国民と国家の双方を含む。
7 分離や「国家統合を損なう行為」は、交渉や同意のもとになされたものでない限り、国際的な支持を得られない。
8 それらの同意が得られる見通しがあったとしても、分離によって生まれる国家は、分離以前の行政区画を踏襲しなければならない。*15

領土に関する慣習法に従い、ひとたび条約に謳い込まれた境界は、「合法性」を得たものとみなされる。この原則の徹底が、国境の安定性を高め、紛争の数を劇的に減らすと考えられたのは当然だろう。実際に、二〇世紀を下るにつれ境界が紛争の火種になるという事例が減少してゆくのである。

戦後、あらゆる紛争、戦争、介入も含めて、武力行使によって大規模に変更された境界がそのまま維持された例は、イスラエルによる周辺地域の占領、中国によるチベットの武力併合を除けばほぼ皆無といってよい。このことは、国境の凍結のための国際社会による努力が実を結んだ証拠とみなし得るかもしれない。

なるほど、イラクのクウェートへの軍事侵攻とそれにつぐ湾岸戦争も、原因の一つは境界への異議申し立てにあった。にもかかわらず、国連や多国籍軍という擬似国際社会は、現状の正当性の有無にかかわらず、境界を「武力によって引き直す」ことに正当性も合法性も認めなかったのである。

合法性と正当性のジレンマ

とはいうものの、平和的共存の手助けとなるはずの「国境尊重の原則」もまた、パラドクスを免れているわけではない。なぜならば、国境に関する取り決めは、不正な力関係により維持されてきた境界、あるいは国民全体を代表してはいない政府が合意した境界にも、合法性を与えてしまうからである。

すなわち、境界の多くは、「異議が申し立てられていない」という事実と、これからも「異議を申し立てない」という約束（条約）を除けば、正当性を含むものではない。ここで生じる問題とは、条文において境界が固定され、再交渉の可能性が奪われ、歴史的原状回復への道が閉ざされることである。

実際に、少数民族による境界への異議申し立ての多くは、コソヴォのアルバニア人のように「甚だしい抑圧の対象となり得る場合」を除いて、退けられる公算が高い。たとえ植民政策や帝国主義という歴史的な不正に対する正義の回復の要求であっても、各国の多数派の代表が牛耳ることの多い国際政治において、それは「秩序を脅かす要求」とみなされてしまう。つまり国際法は、目下の紛争を収拾し、また近未来の紛争を予防するために、問題を現状で凍結し、それを「秩序」や「安定」と名付けているのである。

この境界の正当性の曖昧さは、天然資源の採掘権や販売権の問題が絡むときに、よりいっそう複雑な問題に発展するだろう。なぜならば、この地表で領土の肥沃度や資源の豊富度には著しい偏りがあり、それが地球的格差をもたらす一因となっているからだ。中南米やアフリカにおいて「植民地時代の負の遺産」の賠償という要求も高まる中で、領土をめぐる合法性と正当性のジレンマが拡大する恐れも現実のものとなっている。

4　領土主義の矛盾の拡大

領土主義の定着とその内在的な矛盾を振り返ったいま、その矛盾が今日どのような形をとって現れ、それがどのような一般的問題を引き起こしているかを検討してみよう。

いましがたみたように、領土国家モデルの矛盾が甚だしい形で表出している地域を挙げるとすれば、アフリカをおいてほかにない。たとえばコンゴ、ソマリア、スーダンでは、独立が安定や秩序をもたらすという期待とは裏腹に、いうなれば国家の誕生そのものが無秩序の原因の一部を形作ってきた。

なるほど、西洋の政治哲学においては、自然状態が無秩序（戦争状態）であったとしても、リヴァイアサンという人工的な国家の設立とともに混乱が収拾されることになっていた。実際に、一七世紀以降の西洋においては、国王が強制力や制裁力を全土に及ぼすようになるにつれ、宗教的内乱の多くは終息に向かった。

さらに、西洋では領土、国民、主権が国家の三要素とみなされ、それらは、独立を達成し、維持するための条件とされてきた。自立性を失いかけていたゲルマン、スラブ、マジャールなどの諸民族が独立を手にしたのも、国家を担うべき民族の核と拠点が存在し、かれらがまとまった領土を手に入れ、その中で権威の統一をはかることができたからだ。

アフリカの現実はといえば、植民宗主国が引いた区画が外枠となり、とくに一九五〇～六〇年代に、国民の輪郭のはっきりしない処で、しかも都市においてしか権威の掌握がなされていない地域にも人工的な国家が誕生している。必ずしもアイデンティティを共有するわけではない、暫定的に連帯を約束した「領土民」が、ともに宗主国に対抗するという意味での結束をバネにして、主権を手に入れたのである。

人口一〇億超のアフリカ大陸では、およそ六〇〇といわれるトライブの枠が五四ある国家の枠と重なることは希であり、カメルーン、チャド、スーダン、コンゴなどアフリカの一部地域で、独立後も複数の民族が武器を手に国家主権を奪い合い、国家の存在が逆に紛争を招き寄せるという事態が生まれていた。

そもそも主権が領土民と民族のどちらに与えられるべきかが国際法上も不明確であり、いましがたみたように、Uti Possidetis Jurisが、民族よりそれまで植民行政区にいた「領土民」に主権を与えたため、どの枠でまとまるかをめぐって内乱の勃発しやすい状況が続いている。言い換えると、領土国家モデルは、ウィルソン的な民族自決思想とセットとなって非西洋に移入されたとき、内在する矛盾を拡大表出させ、西洋の合理的ディスコースをもってしてもそれを修復することができなくなったのである。

中東における領土国家の逆説

領土国家の枠組みの中での治安と平和の維持というモデルは、領土のアイデンティティと集団のアイデンティティの枠が一致しない何処においても、不適合を生み出してしまった。中東もその一つだろう。

領土国家の建設によって安全がもたらされると信じたユダヤ人は、迫害と放浪の歴史に終止符を打つべくパレスチナの地へ大量に移住して、建国した。国家独立によって安全のシェルターを確保し、繁栄を勝ち取るはずだった。[*16] しかしながら、これまでのところ、一九四八年以来のイスラエル国家建設がユダヤ人に対していっそうの安全や平穏をもたらしたとみることは難しい。

ユダヤ教、キリスト教、イスラーム教の聖地がひしめくパレスチナ地域で、二〇世紀初頭まで、人々は不安定なものとはいえ、国家とは無縁な形での共存を果たしてきた。しかし、イスラエルの建国によって領土国家という枠組みが伝えられると、逆に国家が民族の共存を阻むという事態が生まれた。

アラブ諸国は、イスラエルの建国を認めず、四八年にシオニズムの粉砕を掲げて軍事的に介入する。イスラエルはほどなく、国連決議一八一によって所有を許された範囲を上回る領土を、反撃という形で、実際は武力の優越によって手に入れた。そして占領地には、独立国家の下で生きる権利を剝奪されたパレスチナ人が残された。

イスラエルによる国家の建設や周辺地域の占領、そしてコンクリート分離壁の設置によって、大量の難民が発生し、その中には戦闘停止後も帰還を許されない人々がいる。これに対してパレスチナ人の一部は、原状回復的な正義を掲げ、テロという手段にまで訴えてイスラエル人に安らう暇を与えない。言い換えると、イスラエルという国家とそれに付随する強大な防衛力も、民族の安全の問題を解決してはくれなかった。ユダヤ人自身にとっても、イランなど一部の周辺国から国家としての生存権さえ認知されないという状況が続いている。

中東紛争をイスラエルとパレスチナという二つの独立国家の樹立によって終息させるのか、それとも一つの世俗的な領土国家の中で二民族が共存すべきなのか、まだ答えは出ていない。いずれにしても、「領土国家としての独立こそが安全と繁栄をもたらす」という西洋の国家モデルが、ユダヤ人という離散民族やパレスチナという地域にそのまま妥当することはなかった。

リスクの越境と領土的管轄権のおわり

土地と権力を結合させた領土という考え方に内在する矛盾は、今日のグローバル化の進展によって、それを生み出した欧米の先進諸国においても拡大している。本章の最後に、領土管轄権と治安、安全保障との関係からこの点をみてみよう。

地域により深刻さの度合いが異なるとはいえ、先進諸国の人々は、環境の悪化や治安の低下など、一国の管轄ではいかんともしがたいリスクに直面している。越境するリスクは、「政府による領土の一元的管理」という発想を時代遅れなものとしつつある。

たとえば、地球温暖化ガスは国境という仕切りを越える。また、一国の生態系を破壊しかねない侵略的外来種が繁殖し、生物多様性を破壊し、農林水産業にも無視し得ない打撃を与える。隣国の工場の煤煙が汚染された大気や酸性雨となって自国に降り注ぐ恐れもある。つまり、国民にもその政府にも直接の責任がないようなリスクが、海を越え渡ってくる時代がやってきた。

地球温暖化ガスについていえば、一国政府が国境という仕切りの中でその排出量を減少させたとしても、それだけでは領土内の環境を改善するのに余り役立たないだろう。仕切りを無化するような環境、原子力、金融危機、感染症などの地球的規模の問題に関して、他国もまた自国内の安全に影響を及ぼすプレイヤーとなった。

これを裏返せば、一国の領土内の事柄でさえ、その一部は国際公共的な関心事であり、周辺の国々も、いまや自国の政府、企業、市民の活動の影響を被るステークホルダー（当該の事柄に利害関心を持つもの）とみなされる。そしてこのことこそ、地表を領土国家で区分けするシステムと、「領土と管轄権の合一」という仕組みを困難に陥らせている大きな要因といえる。

安全における境界の無力化

同じような困難が、安全保障の領域にも生じている。事実、第四章で詳しくみるように、領土内の公共財の頼もしい保護者という政府の伝統的イメージを損なっているものは、現実世界における「脅威」の性格の変化だと言い得るかもしれない。

かつては、敵の軍隊やスパイを領土に侵入させなければ安心の必要条件が満たされた。さらに国境、制空権、制海権の三点セットを護れば、領土の「絶対的な安全」がもたらされると信じられた。しかしながら、ミサイル技術と核技術の高度化によって、一国が独力で領土の安全を確保するのは不可能になりつつある。

つまり「国境の尊重」が国際法で謳われたとしても、また国境にどれだけ軍隊を張り付けても、核攻撃や核拡散、そしてサイバー・テロのリスクに対して安全をもたらしたとはいえないだろう。複数国による同盟や大国アメリカとの二国間同盟を強化して、安全に地域的な広がりを持たせたとしても、なお限界があろう。

とくに、組織犯罪、国際テロは、ヒトやモノの移動の活発化とともに、また国境の警備の網をかいくぐって組織を拡大する。グローバル化に乗じて勢力を拡大しつつある国際テロ組織に首尾よく対処するには、軍事同盟よりむしろ一般市民へ監視や通報の協力を仰ぐような、領土的管轄権を越えた警察間の協力が必要となる。また、越境的犯罪を取り締まり、予防する手立てとしては、国家を越えた捜査、逮捕、訴追ネットワークの構築、具体的には、インターポール（国際刑事警察機構）のような治安情報の交換を迅速に行うことのできる国家横断的な機構の権限強化しかないだろう。

もちろん国家間協力の必要性は、国境を廃止する理由にはならないし、領土の安全を軽視してよいことを意味するわけではない。なぜならば、国際的な安全対策とはいえ、なおそれは、申し合わせた事柄を領土の実効支配者（政府）が国境という水際で履行したときはじめて、効果を上げるからである。しかし、グローバル化に伴うリスクの増加や脅威の広域化の中で、各国家は、領土より広範囲での安全の確保、あるいは地球規模でのリスク管理に向けた政策協調を迫られている。

越境するアイデンティティ

ウェストファリアの講和が成就する一六四八年まで、ヨーロッパで人々のアイデンティティは家族、地縁、血縁、教会、宗教共同体など複数のものに向けられていた。ウェストファリア体制生成期の一七世紀半ばにおいても、帰属心や忠誠心は、民族や人民に向くことは少なく、領土内部の主権者（君主）に「向けられるべき」とされた。さらに、一九世紀以降のナショナリズムの時代にあって、その対象が徐々に民族や国民、そしてかれらの生活圏としての国家領土へと収束してゆく。領土アイデンティティで結束するという傾向は、やがてナショナリズムというイデオロギーの拡散とともにヨーロッパ外に拡がっていった。

ところが、今日、欧米や日本などの先進民主主義国において、グローバル化が、インターネットの普及とも相俟って、国境や統治の枠にとらわれないネットワークの構築を容易にした。コミュニケーション技術の発達の恩恵を受けた人々は、国家の内部あるいは外部で新たな帰属心や忠誠心を育むことができる。

さらに、人々のアイデンティティは、国境を越えた宗教や文明にも向かうようになってきている。たとえば、イスラーム諸国を横断して「復興運動」が勢いを増し、北アフリカ、中東の勢力地図を塗り替え、その他の宗教も、どれほどマイナーなものであっても、ネットワークを活用して布教のチャンスを活かすことができる。途上国、先進国を問わず、人々は領土や共同体という近接性がもたらす集合意識から離れて、ヴァーチャルかつ開放的な仲間集団を形成し始めている。

アイデンティティの広域化によってネットワークで結ばれた人々は、単に信仰のため、そして趣味や友好のためではなく、環境運動、階級闘争、反戦運動、反グローバル化運動などの形で、弱者や犠牲者の間の（ための）連帯を組織してゆく。そればかりではない。そのようなネットワークは、国家を越えたグローバル公共性の立場から、国家政府に対して批判的な態度を採り、たとえば「オタワ・プロセス」、「オスロ・プロセス」のごとく、人間の安全、人権などの問題領域において領土政府に特定の政策の採用を促す力を手にしつつある。

これを一般的に、社会と国家（政府）の乖離、政治と国家の乖離とみることができるかもしれない。つまり、集団アイデンティティは空間的な限定を越えて拡がり、それが下部構造として慣例、制度、文化を支えることで、社会が形成される場合もある。その意味で社会は、領土を絶対的に要求するわけではない。グローバル市民社会の例のように、それは人々の境界を越えたネットワークからも生成し得る。

コーエン（Robin Cohen）がいうように、社会アイデンティティは「非領土化してゆくのである」[*17]。また、社会学者オルブロウ（Martin Albrow）も指摘するように、グローバル化という変化によって、領土国家はむしろ社会の特例であり、「社会と領土が本質的なむすびつきを持つわけではない」という観念を、われわれは取り戻しつつあるのだ。[*18]

おわりに

近代領土概念の定着とその矛盾について振り返ったことで、「政治と空間の関係」の再考が急務である理由が明らかとなった。そこで本章の最後に、脱領土的な政治を展望するさいに考慮に入れるべき点として、以下を挙げておきたい。

まず、領土国家という共同体の在り方は、近代の科学技術、軍事技術、産業技術などの諸条件を所与とした場合に、地域的にも地球的にも、経済を管理し安全や治安を維持する、唯一ではなくとも最も効果的な方法であった。前‐国家的ないし未‐国家的な状態から空間の合理的組織法としての領土国家へ進むという単線的な歴史観が、西洋外においても信憑性を獲得し、近代の領土パラダイムが各地域に行き亘ったゆえんであろう。

しかしながら、西ヨーロッパの土地と政治の関わり方のモデルが、西洋による非西洋の植民地化や収奪、さらに非西洋の側にインセンティヴのある土地と権力の再編によって各地域へ浸透を始めたとき、それは伝統的な土地概念との衝突を生み、様々な問題を引き起こす原因に変わっていた。パレスチナという事例でみたように、ある意味においては、「少数民族」もまた、国境が引かれ、空間内部で「多数民族」が生まれたことの裏返しとして現れたものといえるだろう。

一方、先進諸国においては、政府による領土の一元的管理が、環境悪化、テロと組織犯罪、国際金融危機など領土を越えるリスクの発生によって、立ち行かなくなっている。そのうえ、領土がかつて「国民」や「市民」という美名で繋ぎとめていた集団アイデンティティもまた、国境を越えたネットワーク社会の生成によって、内外に拡散を始めている。

いずれにしても、人類史やグローバル・ヒストリーを振り返るならば、人間が領土国家という仕切りの中で暮らし、政治的な集合行為をもっぱら領土という枠で行うようになったのは、一八世紀以後という近過去の出来事に過ぎない。つまり、ポリス、帝国、封建共同体、キリスト教共和国などが興亡した人類史においては、伝統的共同体、ノマド的な集団、そして帝国が「一般」すなわち現実であって、領土的な国民国家が「特殊」であるという史観も成立しうる。

このように考えると、われわれが土地と政治についての創造的思考を回復し、新しい空間パラダイムを模索するための第一歩とは、いまいちど領土国家ディスコースのリアリティーを根底から疑ってみることかもしれない。

注

＊1　ブル（Hedley Bull）は、中世における権力と忠誠の重層的な構造に似た現代世界の権限配置の複雑さを、『アナーキカル・ソサイエティ』で「新しい中世」と名付けたが、このことに端を発する論争を紹介したものとして、以下を参照せよ。Yale H. Ferguson and Richard W. Mansbach, "Political Space and Time", Ferguson and Mansbach, *Remapping Global Politics: History's Revenge and Future Shock*（Cambridge: Cambridge University Press, 2004）, pp. 78ff.

＊2　ベンノ・テシィケ、君塚直隆訳『近代国家体系の形成——ウェストファリアの神話』桜井書店、二〇〇八年、一〇一頁。

＊3　Stuart Hall, "The State in Question", Gregor Mc Lennan, David Held and Hall（eds）, *The Idea of the Modern State*（Buckingham: Open University Press, 1984）, p. 4.

＊4　Saskia Sassen, *Territory, Authority, and Rights: From Medieval to Global Assemblages*（Princeton and Oxford: Princeton University Press, 2006）, pp. 53–61.

＊5　Richard Little, "Reconfiguring International Political Space: The Significance of World History", Yale H. Ferguson and R. J. Barry Jones（eds）, *Political Space: Frontiers of Change and Governance in a Globalizing World*（New York: State University of New York Press, 2002）, p. 53.

＊6　ジェレミー・ブラック、関口篤訳『地図の政治学』青土社、二〇〇一年、一七二頁以下。

＊7　Charles Tilly, "Reflections on the History of European State-Making", Tilly（ed.）, *The Formation of National States in Western Europe*（Princeton: Princeton University Press, 1975）, p. 15.

＊8　ジャック・アタリ、山内昶訳『所有の歴史——本義にも転義にも』法政大学出版局、一九九四年、四九七頁。

＊9　杉山正明『遊牧民から見た世界史――民族も国境もこえて』日本経済新聞社、一九九七年、一八一―一九頁。

＊10　K. J. Holsti, *Taming the Sovereigns: Institutional Change in International Politics* (Cambridge: Cambridge University Press, 2004), p. 73.

＊11　ummaをはじめとするイスラムの空間概念と、領土国家を越えて広がるパン・イスラミズム共同体運動の国際関係論的な意義を論じたものとして以下を参照。Sohail H. Hashmi, "Pan-Islamism, State Sovereignty, and International Organization", Hashmi (ed.), *State Sovereignty: Change and Persistence in International Relations* (Pennsylvania: Pennsylvania State University Press, 1997), pp. 49–80.

＊12　Philip G. Roeder, *Where Nation-States Come From: Istitutional Change in the Age of Nationalism* (Princeton and Oxford: Princeton University Press, 2007), p. 8.

＊13　Robert Jackson, "Sovereignty in World Politics: a Glance at the Conceptual and Historical Landscapte", Jackson (ed.), *Sovereignty ad the Millennium* (Malden and Oxford: Blackwell, 1999), p. 25.

＊14　Maurice Flory, "Le Couple État-territoire en Droit International Contemporain", in Bertrand Badie et Marie-Claude Smouts (dir.), *L'International sans Territoire* (Paris: L'Harmattan, 1996), pp. 262–265.

＊15　K. J. Holsti, *Taming the Sovereigns: Institutional Change in International Politics* (Cambridge: Cambridge University Press, 2004), pp. 99–100.

＊16　デラニー（David　Delaney）は、イスラエルによる国土と占領地の運営の中に、領土の物理的、経済的、宗教的、イデオロギー的なコントロールの最も完成された姿を見ている。D. Delaney, *Territory: A Short Introduction* (Malden & Oxford: Blackwell, 2005), pp. 102–145.

＊17　ロビン・コーエン、駒井洋監訳『グローバル・ディアスポラ』明石書店、二〇〇一年、二七六頁。

＊18　マーティン・オルブロウ、佐藤康行・内田健訳『グローバル時代の社会学』日本経済評論社、二〇〇一年、一五頁。

第二章　近代合理性の象徴としての主権

はじめに

あらゆる学問は、固有の仮説と特定の概念セットの上に成り立っている。国際政治学についていえば、主権、自決、内政不干渉という概念を用いずにそれを語ることは不可能であり、とりわけ、近代思想家が「主権」概念の開拓に失敗していたならば、学問はもとより国際政治の現実も今日のそれとは異なるものになったに違いない。

近代以降、政治、経済、文化において自立を望む集団は、例外なく主権を求め、いったん手にした主権を手放すことを躊躇う。さらに政治哲学の世界では二〇世紀の後半にいたるまで、アナーキストやコスモポリタンなどをわずかな例外として、どのような思想潮流も、主権国家を動かし難い前提とみなしてきた。

しかしながら、われわれが数世紀というパースペクティヴで国家をみてゆくと、主権には「西ヨーロッパ」という出生地と「近代」という誕生日を認めることができる。[*1] 誕生日の存在は、死亡日の到来を暗示しており、それが永遠ではない証拠とみなされる。言い換えると、国家主権はすぐれて近代的な思考の成果なのであり、また主権を軸に展開された国際関係の実践そのものが、特定の時代状況の産物であった。ボダン、ホッブズ、グロティウスといった思想家が、中世国家を粉砕するため、また近代的国家を基礎付けるための道具として主権を用いたことが、まさしく主権の近代性を裏付けている。

今日、「近代的なるもの」の行き詰まりが問題とされ、様々な分野で近代的なパラダイムを見直す作業が進んでいる。ポストモダン思想家のいうように、学問に変化をもたらすための契機が、「どの程度までそれが近代の刻印を帯びていたか」の検討にあるとしたら、主権概念の見直しこそ、ポスト・ウェストファリアを構想するための第一歩と言い得るかもしれない。

実際に、コンストラクティヴィスト（constructivist）、リフレクティヴィスト（reflectivist）などのいわゆる新思考の国際関係論者たちは、主権が「知と力の近代的な結合」によって生まれた「ディスコース」であり、現実の混乱を「言葉で克服する」ための有用なアイデアであった、という解釈を打ち出している。彼らの研究が明らかにしたのは、現実において秩序維持にこの上なく有用であったとはいえ、主権はもともとフィクションであり、その存在を永遠や普遍とみる必要がないという点であった。

そこで本章と次章では、主権をリアリティーよりむしろ「ディスコース」として捉え、さらに、相矛盾する要素間のバランスによって辛うじて保たれてきた主権ディスコースの現実性がグローバル化時代になぜ揺らいでいるのかを、ディスコースの背後にある動機や利害を追いながら検討したい。

1　近代知による無秩序の克服

多くの研究者が示してきたとおり、主権概念そのものは古代ローマの法概念、とくに権威（auctoritas）、権能（potestas）や支配権（imperium）に起源を持つものであり、それを近代の発見とみなすことはできないだろう。[*2] C・シュミットの指摘をまつまでもなく、主権概念には神学の要素が多く流れ込んでおり、その意味で、主権の理論もまた中世の「神の主権」との連続性の上に成り立っている。[*3]
とはいえ、中世末期以降、とくに戦争や内乱をめぐる情勢が動き、権威や権限を論ずる前提に次のような変化が生じてから、ボダン、ホッブズ、スピノザ、ヴァッテルなどにより、その概念にはまったくといってよいほど新しい意味が注入されてゆく。

交戦主体の限定

初期近代、ヨーロッパにおける戦争の恒常化、そしてそのような状況への法学者や哲学者の嘆きから、人間が「理性的に生きる条件」としての平和、という考え方が台頭する。それに伴って、国王すなわち主権者こそが、戦争から部分的に隔絶された平和な空間を組織し、なお和平の執行という役割を担い得るのではないかという期待も膨らんだ。思想家たちは、このような展望から、国王の権限の再検討を開始し、主権概念に注目を向け始める。

もとより中世においては、異教徒との戦いはいうまでもなく、君主、封建領主、新興貴族、騎士団、神聖ローマ皇帝などの個人や団体が、キリスト教の無抵抗や非暴力の思想とは裏腹に戦いを演じていた。いわゆる「領主」と呼ばれる数百の主体、また必ずしも公的とは呼ぶことのできない地縁集団や宗教団体までもが、自衛、報復、処罰、財産の回復などの理由から戦争に訴える可能性があった。

『君主の統治について』を著した神学の権威トマス・アクィナスによれば、君主の役割の一つは、「外側から惹き起こされる」脅威、すなわち「敵の侵攻により平和が乱され、時として王国や都市が根底から破壊される」のを、武力を用いてでも防ぐことにある。そのためかれは、「王の急務」に、「民衆を敵から守るのに注意を払う」ことを加えてゆく。[*4] このようにアクィナスは、「民衆の善き生活」の維持のため、君主に戦争へ訴える権利を認めていた。そのさいにかれは、「都市もしくは領土を統治するところの者が誰であれ、その者は換称的に「王」と呼ばれる」[*5] と述べ、そのような権利を行使し得る君主として、私的と公的のいずれとも分類し難い主体を想定していた。

トマスが定式化したような戦争論が「カトリック弱体化の後」に引き起こす深刻な問題とは、すなわち、交戦権を持つ主体が曖昧に定義されていたことである。かれの理論では、無数の共同体が「戦争に訴える権利」を主張する虞が生じている。事実、一六世紀の宗教戦争は、多様な主体の参画により、内乱がただちに越境紛争と連動するような事態に発展していた。

このような情勢から、一六世紀後半以降、「正当な」交戦主体を選別しようという思想が生まれる。ベリ（Pierino Belli）、ジェンティーリ（Alberico Gentili）、アヤラ（Balthasar de Ayala）は、交戦者を「実効支配者」に限定し、主権者が中心となって演ずる「公戦」のみを正しい戦争とみなすべきという学説を打ち出した。領土国家の台頭に応ずる形での、開戦決定者を封建領主から君主に変更しようという発想の誕生である。

万民法論の伝統においては、全面的宗教戦争への嘆きに突き動かされて、国際社会の主体すなわち戦争の主体は主権者としての君主であるという解釈が一七世紀までに支持を広げてゆく。こうして、戦争の意味合いや形態の変化が、主権者のみを万民法の主体とみなすような思想を発酵させ、封建国家が主権国家へと移行するきっかけをもたらした。[*6]

ホッブズ戦争論のいま一つの意義

戦争主体の限定が主権者の定立と連動してゆく過程を跡付けるにあたって、幾何学的厳密さによって主権を明確化しようとしたホッブズの貢献を忘れることはできないだろう。ホッブズが、ヴィトリア、グロティウスなどの公法学者と距離を置き、むしろ「ユニット間の無政府状態」という仮説から主権の機能を抽出していったからである。

ホッブズはいう。平和、そして国家の防衛のために、多数の意思が同じ目的に向かって一致することが必要である。しかし、それのみでは充分とはいえない。さらに「平和と防衛のために必要なものに関して、全員の意思が一つであることが」重要である。[*7] 中世の「多様なものの共存」とは異なる、この意思の統一としての国家は、国外においては戦争の主体つまり「人格」を構成する。したがって、ホッブズによれば、自然状態から平和をもたらすには、主権者以外の「誰かある市民を、またそれらを一緒にした全員をも、国家とみなすべきではない」のである。

ホッブズは、「(私たちの定義するような) 国家とは一個の人格である」と言い切っている。ホッブズにとってこの人格化された主体が、国家内部の権利義務関係ともいえる「市民法」(lex civilis) ではなく、戦争状態において機能する「自然法」(lex naturalis) に照らして導出されていた点を、いくら強調してもし過ぎることはないだろう。

交戦主体としての主権国家の人格性を明らかにしたのち、ホッブズは『市民論』の第一一章において、「戦争が最高命令権者の自由裁量」に基づくことを、旧約聖書の「サムエル記」を引き合いに出して論証している。[*8] ここでは、交戦主体が、市民法に縛られることのない君主、すなわち絶対権力を持つ君主に帰属するという解釈が、聖書への参照によって補強されている。

なるほど、近代初期の戦争論や国際関係論において、ホッブズの戦争解釈が必ずしも君主やその助言者たちによって正確に理解されていたわけではなかろう。それどころか、自然権理論とは異なった論理構成に基づく戦争主体論のほうが、学説の主流を成していた。たとえばカイエータン (Thomas de

Vio Cajetan）やヴィトリアのごとく、自然法による「戦争の規制」に期待を掛け、君主ではなく「共和的な国家」に交戦権が由来すると考えた思想家もいる。ホッブズより後に思索し、近代的万民法の生みの親のひとりと考えられているヴァッテルもまた、交戦権を「制限する思想」に傾いていたとみてよいだろう。[*9]

しかしながら、ホッブズの革新性を見抜いたライプニッツが、主権者を唯一の交戦権者、そして万民法のみに従う存在として次のように定式化したとき、主権者の「戦争主体」という資格、それゆえに「国際関係の主体」という地位が、哲学や法学のディスコースにおいて自明となった。

大使、戦争、講和、同盟などの要素から成り立っている万民法においては、戦争によってのみ制約を被り、逆に武力によって他者を制約することのできる、いや少なくとも他者に重大な障害を及ぼすことのできるような者のみが、完全な主体と成り得るのである。[*10]

哲学による主権の転釈

戦争の状況変化とともに生まれた主権概念の革新性を誰よりも深く洞察し、それを国家の組織原理に昇華させた哲学者を挙げるとすれば、「理性に導かれる限りにおいての人間を、およそ自由であると名付ける」[*11]と述べたスピノザをおいてほかにない。ホッブズとともに近代政治学を生んだ一人と目されるスピノザは、理性が人間に「最高権力への服従を命ずる」と考えていた。

人間は理性によって導かれることが多ければ多いだけ、言いかえれば自由であればあるだけ、一層確固と国家の法律を守り、また自分がその臣民であるような最高権力の諸命令を実行するであろう。[*12]

近代政治哲学という文脈に置き直すと、ホッブズやスピノザの描く主権には、ルネサンス以降の人間中心主義、あるいはデカルト的な作為主義、そして近代科学のエンジニアリングなど、近代的思考のきわだった特徴のほぼすべてを認めることができる。

近代人にとって、「神への従属」の対極にある「人間の自律（自由）」を達成するため、さらには理性的人間が意思によって戦争状態を統御するには、まず、「統御できるもの」と「統御できないもの」（国外の戦争状態もその中に含まれる）を区分けして、さらに制御できるものへの管理を強化する必要があった。そのような人為による環境の改変、そして社会という環境の管理という時代の願望を受け、スピノザは、自然と万物をコントロールするための司令塔を求めて、主権という概念に行き着いたのである。

スピノザが最高権力（summa potestas）[*13]と名付ける主権は、それなしには人間集団が理性的な何事をも為しえないような道具、そしてまた伝統や歴史に根を持つ不統一を「精神の統一」すなわち意思の結合に変えるための武器にほかならない。あたかも、人間が身体を合理的に操って目的を達成するように、近代国家は、主権という頭脳に従って、制御可能な身体としての領土を確定し、戦争という異物を外化し、安全、繁栄、国富などの集合的目的を達成するのである。[*14]

スピノザの『国家論』の次の一節は、近代の思想家が「主権国家」をして（戦争状態から脱するという意味で）理性的に生きるための唯一の空間とみなし、さらにかれらが、ひとり立ちするための武器である主権とその命令に従う市民を動員して、ともに「歴史と真理の創り手になる」という夢を叶えようとした点を明瞭に示している。

理性は我々に、道義を行うことならびに恵恩で善良な心でいることを教える。これは国家の中でのみ可能なことである。[*15]

理性に導かれる人間でも、自然状態においては、果たそうとしても果たしえないことがある。国家状態は、それを果たすことこそ、もっとも意図している。[*16]

絶対性と複数性の矛盾

主権がホッブズやスピノザによって理論的に再発見されたのも束の間、主権の司る秩序には大きな困難の伴う点が、明らかとなってゆく。その困難とはすなわち、二つ以上存在していては「絶対」と呼べないはずの主権が、すでに複数存在していたことである。

すなわち、一六世紀以後、テューダー家、ステュワート家、ブルボン家、カスティリア家、ハプスブルク家など、各国王が絶対性を強弁し、その承認を力によって要求し始めていた。かれらはまた、それぞれ国内において絶対権の正当化理論を構想しつつあった。君主と君主の間に何らかの調整が施されなければ、国内の権限の衝突が内乱に行き着くように、国際社会においても全面戦争が不可避となるだろう。

近代以前には、超国家的な「コスモス」、つまりカトリックのような全体性が実在するとされ、また国家はこの意味で固有の目的や意思を有するものとはみなされなかった。さらに国際社会は、位階システムより構成され、下位者の争いが上位者の介入や仲裁を受けずに放置されることは少なかった。ところが、近代における唯名論（nominalism）の台頭とともに、哲学の世界観は、普遍が単なる名辞に過ぎず、「実在するものは個別的なもののみである」という認識へとシフトしてゆく。そして、個別的なユニットとしてそれぞれ生存を追求する国家は、平等な立場に置かれる、というホッブズ流の考え方がいよいよ支配的になった。

コスモス思想のこのような全般的衰退、権限における上位者の不在の中では、絶対的な主権の定立が全般的アナーキーを招来することは容易に予測されたであろう。なぜならば、戦争、平和、条約などのあらゆる領域で、「戦争の正義」についての各国家による主権的な解釈や決定を、すべて対等に至高なものとみなさねばならないからだ。

論理的にいえば、この問題を克服する一つの方法は、超国家的なレベルでホッブズのいうような主権を探し求めることだったのかもしれない。いうまでもなく、ヨーロッパがこれを果たすためには、

「最終戦争」を演ずる必要があった。実際にヨーロッパでは、ブルボン家とハプスブルク家がヨーロッパの覇を競い、その確執が「ヨーロッパ内戦」に発展する可能性もなかったとはいえない。とはいえ、一七世紀より築かれつつあった国家間の勢力伯仲という現実は、絶対君主に「最終戦争に勝利できるという見通し」を与えることがなかった。かのホッブズでさえも、超国家的なリヴァイアサンの提唱を断念したゆえんであろう。そのような中で、ヨーロッパ各国は唯一絶対的な主権の構築を諦め、かわりに現実的な妥協策を模索する。すなわちそれは、平面上の区画を強化して、各領域に絶対者を配置し、それぞれの絶対者が「他者の絶対性を承認する」という方法であった。

いうまでもなく、この方法の萌芽は、ウェストファリア講和条約の中にも、多宗教の共存の原則として現れている。三〇年戦争の講和としてのこの体制において、各国は宗教不干渉原則を採用し、ヨーロッパ国際社会に「主権国家を上回る宗教的な決定権限を作らない」点を申し合わせたからである。その後、各君主国はエックス・ラ・シャペル＝アーヘン（Aix-la-Chapelle）条約（一六六八年）、ナイメーヘン（Nijimegen）条約（一六七八〜七九年）、ライズウイック（Ryswick）条約（一六九七年）、ユトレヒト条約（一七一三年）などの講和条約に主権の原則を取り入れながら、「戦争の終結という好機を活かす」形で、それを世俗的領域、政治的領域の全般に適用することができた。

事実、このような交戦権の主権国家への限定、上位権力の解体の中で、ハプスブルク帝国は複数の国家に分割され、さらに、スペインとオーストリーの関係は、その実質に大きな変化がなかったとしても、以後は二つの世俗国家による水平的な同盟とみなされることになる。*17

2　主権論の背景をなす秩序解釈——動態的均衡観への転回

中世的秩序への復帰が断念され、他方で主権国家システムがディスコースの中で承認を獲得するにあたっては、「秩序認識の組み換え」といういま一つの重要な哲学的作業が残されていた。つまりヨーロッパは、主権国家システムを定着させるために、「各国が自由に行動してもシステムが揺るがない」ことを確信させてくれる新しいディスコースを生み出さねばならなかった。

このような学問的課題について、科学哲学者のトゥールミン（Stephen Toulmin）はつぎのように表現している。

今後、安定が社会組織の主要な美徳となるのであれば、社会に関する政治的思想を、自然に関する科学的思想と同じ方針にそって体系づけることが可能なのではないだろうか。社会秩序についての思想を、自然における秩序についての思想と同様、数学と形式論理学の「システム」に基づいて作ることはできないだろうか。*18

近代初期における科学の関心は、一七世紀をさかいに、宇宙の有機的な統一をいかに説明するかという問題から、個体の運動法則の解明と、その運動がどのように均衡を生むかの探求へと移行している。「作用と反作用」、「均衡と抑制」の力学によって秩序の成り立ちを説明するモデルも、その探求成果の一つといえるだろう。それはただちに、国家を完結した個体とみなしつつあった政治学や国際関係論に応用された。こうして、国際政治のディスコースにおいても、近代自然科学にならう形でシステムの動的安定という仮説が生み出されてゆく。

システム論的発想

社会哲学はまず、システムの極を構成する各国家が、自然状態における各個人ほど脆弱でなく、永続可能なユニットである点を論証しようと試みる。たとえばスピノザは、自然状態で無防備な個人が、理性により「国家の下で暮らすよう命ぜられる」のに対して、国際的な自然状態では国家が独力で生存し得る点を強調し、その状態を次のように是認していた。

国家は他からの圧迫に対して自己を護りうるが、自然状態における人間にはこれができない。なぜならば、人間は毎日眠らなければならず、しばしば病気や精神の悩みに煩わされ、ついには老衰し、なおそのほか、国家ならば煩わされずにすむような種々の面倒なことを負担しているからである。[*19]

スピノザにおいては、各国家が生存への強い意思を持ち、その意味で各個体の安全が強化されるならば、「国際社会に中央権威を作らなくとも」、国家内の人間に甚だしい災厄や不安定がもたらされる惧れはない。

永続的なユニットによる均衡という世界観においては、相互に還元不可能な「個別」が複数存在し、それらが生存のため利己的に行動している。しかし、無秩序を指向すると思われるそれらの気紛れな運動も、やがて均衡へ収斂してゆくとみられる。なるほど、各ユニットは硬い殻を持ち自己保存を追求している。それでも、一者は他者の存在を消し去るほど強大ではない。たとえ、各国家が生存競争原理で動き、交戦権を発動したとしても、アクターの数が減少することはなく、世界秩序が根本から揺らぐ惧れもない。なぜならば、どの一国もむき出しの権力行使を行えば「反撃という反作用」を被るからである。

societasとしてのシステム

古代ストア派やキリスト教のディスコースでは、各ユニットがコスモスの安定やキリスト教共和国の利益を優先し、あるいはヨーロッパ共通善への配慮のもとで動く場合に平和が訪れ、そうでない場合には無秩序へ至るとされた。さらに、主権国家が台頭する以前のシステムは、「宗主国－従属国」制（suzerain system）で、それを司る原理は宗主国の特権と従属国の義務であり、それがシステムの一体性と垂直的安定性を担保すると解釈された。

しかし、右に描かれた近代モデルでは、権利上、各国が武力を使ってまで個別利益を追求することが許される。しかも、全体利益よりも個別利益を優先しても、秩序が修復不可能になるほど損なわれる恐れは低い。[20] このようにして、西ヨーロッパは、主権国家の水平的並存に伴う全般的アナーキーのリスクを、システム論や均衡論という「知」と「ディスコース」によって取り除いたのである。

ここでわれわれは、近代初期の国際システム概念の誕生に立ち会っている。その概念において、各国は自国の利益を最大化しようとしている。しかし、どの一国も力によって全体を支配することが叶わず、他者すべてに法や規則を強制する立場に身を置くことはできない。

このような秩序観の革新性は、それをオークショット（Michael Oakeshott）のいう universitas（目的共有体）から societas（任意結合体）への転換として捉えた場合に、最もよく理解され得るであろう。[21] つまりヨーロッパは、一六世紀イタリアの都市国家の台頭と国家理性論の洗練、一七世紀宗教属地主義の確立、そして複数の絶対王政の誕生を経て、「全体目的への奉仕者を欠く」ようなシステムへと、つまりそれぞれのユニットが個別な目的を持つが、公共への関心を持たないというシステムに転換された。

システムの全体利益

ヴァッテルこそが、この転換の中心に身を置いてその意味を解き明かした人物であり、それゆえかれを国際法の初期開拓者のひとりとみなすことができる、という説に異論を唱えるものはいないだろう。かれは、諸国民の法の原則を、キリスト教共和国（respublica christiana）やヴォルフ（Christian Wolff）

のいうような自然が樹立した大共和国（civitas maxima）ではなく、諸君主の個別意思の一致点としての「合意」に基づかせ、近代の国家間関係の定着を理論的に後押ししたからである。[*22]

しかもヴァッテルは、君主の意思に揺さぶられかねないこのシステムが、キリスト教共和国と同じほど持続可能であることを証明するため、ヨーロッパの共通感覚の芽生えという新しい要素に着目している。

当時、帝国トルコの持続的な脅威の下で、さらに国際システムが徐々に非西洋へと拡大し、異文明の見聞が広まるなかで、思想家たちに「ヨーロッパが一つの家族を構成している」という公共意識が育まれつつあった。個人と国家の類推によって「対等な主権国家が構成するヨーロッパ社会」を想定し、かつトルコの勢力拡大を念頭に置いたヴァッテルは、ヨーロッパ全体を新種の「共和国」になぞらえる。[*23]

実際に、戦争が主権の発動とされた無差別戦争観の時代においても、ヨーロッパは、対トルコ戦にさいしては、内部の均衡よりもヨーロッパ・システムの保守を優先させ、危機に応じて「共通の利害感覚」を覚醒させることができた。「システム」という言葉によって築かれた秩序に、これらの共通経験が付け加わることで、均衡的なヨーロッパ観は、「個別の国家が主権的な存在となっても、ヨーロッパ世界が揺らぐことがない」という信念に高まったのである。

このような信念が、一九世紀に国際関係を「個別と個別のぶつかり合い」とみて、国家間に道義的な規則の介在を認めなかったヘーゲルにまで共有されていたことは注目に値する。この歴史的リアリストは、次のように述べていた。

ヨーロッパの国民は、その立法、習俗、教養を同じくすることによって一つの家族を形成しているから、相互に悪事をなすことが主流をなしたかつての時代とは、互いの付き合い方が変化してきている。[*24]

システムの有用性：ヨーロッパ内での帝国の阻止

国際政治学者K・ウォルツが指摘するように、当時その存在が確信されつつあった「市場の見えざる手」もまた、このような調和的な秩序観の流行に預かって力があった。[*25] すなわち、市場と同じく、複数の主体が織り成す社会では、全体の構造があらかじめデザインされているわけでも、全体が特定のエージェントの思い通りになるわけでもない。システム全体の方向性は、自由かつ合理的に選択を行うアクターたちの「行為の集積」によって決定される。

しかしこのシステムは、アクターに対し、その行動を枠付け、アクターがそのシステムの注文を聞き入れねばならないような構造を持っている。この注文を無視する主体は「滅亡を味わう」という意味で、秩序は規範を構成し、その規範は各アクターに内部化されてゆく。「一国がもはやヨーロッパの大勢を決することができない」という点からいえば、市場が独占の阻止に効果的であるのと同様、このシステムが帝国的な野望の阻止にいかに有用であると考えられたかは、もはや贅言を要しないだろう。

なるほど、この均衡の生成段階において、キリスト教普遍共同体の再構築、ルイ一四世の世界君主国など、universitasとしてのヨーロッパの再興を目指す君主、顧問、思想家が少なからずいた。しかし、複数の個体の生存とその決定権限が維持され、それぞれが自立性を保っていたことが、神聖ローマやブルボン朝の帝国的野望をセオリー通りに打ち砕く。

さらにいえば、このような体制の下で各国家は、主権的な判断によっていずれかの国と外交関係、同盟関係を結ぶことができる。したがって、帝国の野望に満ちた国家が現れても、諸国家は均衡則を意識しつつ反帝同盟を結成するように促される。実際に、ナポレオンの大陸支配（一七九五〜一八一五年）もまた「反作用によって」永続化が阻まれた例といえよう。

つまり、一七世紀以来、共通ないし全体の目的でもってヨーロッパを支配し、その支配を持続させようというuniversitasの樹立の試みは、悉く失敗に終わったのである。

ヒュームの定式化

当時のヨーロッパ知識人において国家システムが「帝国の阻止」にいかに有用であると考えらえていたか、ヒュームの時事論文「勢力均衡について」ほど、それを明瞭に示すものはない。[*26]

ヒュームがそこで、勢力均衡概念を古代から受け継がれた智慧として高く評価し、他方で、ローマ帝国からペルシア帝国、カール五世の皇帝政治、ハプスブルクの支配を、均衡の欠如が生んだ悲惨な結果だとみたからである。このような理解に基づいてヒュームはイギリス外交を論じ、その目的を、帝国を破壊するのに充分な勢力を蓄えつつ、同時に、他国からの反作用を被らない位のほどほどの勢力を維持することと定式化していた。[*27]

さらには、現実主義者とは到底言い難いカントもまた、いかに帝国を阻止するかに心を砕き、領土国家による均衡回復のための武力行使を、「自然状態において」という限定を付けて「許される」と述べていた。いわく、「他の国家が領土を拡張することによってますます恐ろしい勢力になる」場合に、それに対する攻撃は「適法であり、したがってここに、行動の上で互いに接触し合うすべての国家が均衡をはかるという権利の根拠がある[*28]」。

くわえてカントは、『永遠平和のために』の第一補説において、主権国家が地理的境界で隔てられていることを、帝国の阻止にとっての有利な条件とみたのである。

自然は、賢明にも諸民族を分離し、さらに自然は、それぞれの国家の意思が万民法を理由付けに用いながら、そのじつ策略と力によって諸民族を自分の下に統合しようとするのを、防いでいる。[*29]

とはいっても、カントがヨーロッパ各国の均衡を目撃するようになった頃、このような秩序維持法の代償の大きさもまた、明らかとなっていた。その一つが、均衡回復のための（限定的）戦争を容認せざるを得なかったことである。とくに、ネーデルラントやポーランド、そしてルクセンブルクのような大国の狭間に立つ国々は、勢力均衡の調整手段として大国の犠牲に供された。

実際に、主権国家の均衡システムの定着と局地戦争の肯定とは、深い関係にあったといわれる。すなわち当時の戦争は、総力戦でなかったがゆえに、学者や思想家によってその悲惨さが充分に認識されないまま、「システムを微調整する手段」の一つ、そして「ヨーロッパ公法」の準則の一つとみなされた。[*30] 一八世紀以降、無差別戦争観がヨーロッパで一般化し、一九世紀には侵略戦争さえ「主権の正当な発動」（H・ホイートン）に変わり、なお、C・シュミットが『大地のノモス』で、戦争に溢れたこのヨーロッパ空間を「秩序」と名付けたゆえんである。

主権国家の勢力均衡による秩序維持に伴う第二の代償は、ヨーロッパ大陸諸国家が陸地の勢力均衡の維持に労力を注いでいる間に、それを無効にするような動きが海洋で進行していたことである。すなわち、一八世紀以降イギリスによって海域支配の拡大が企てられ、大洋を包含する帝国が築かれつつあったが、領土国家的な均衡概念は、これに対して有効なカウンター・バランスを提供し得なかった。

このような理由から、勢力均衡は、「自らに有利となるよう均衡を破壊する」という抑え難い衝動を生むがゆえに、のちにカントをはじめとするコスモポリタン思想家によって、平和の維持手段よりも戦争の根本原因の一つとみなされるに至る。いったん主権による秩序へ歩み寄ったかに思われたカントも、戦争の悲惨さに心を留めて、均衡によらない秩序を樹立するために「主権（とくに交戦権）の内的な規制としての共和制」と「自由な諸国家による連合」を提唱するよう導かれるのである。

注

＊1　クラスナー（Stephen D. Krasner）が *Sovereignty: Organized Hypocisy*（Princeton: Princeton University Press, 1999）を著して、国際関係論における主権の解釈に一石を投じて以来、「近代的主権」の成否をめぐって論争が続いている。この論争の検討そのものは本章の主題ではないが、主権の誕生を考えるさいには、①「国内の政治権威から外的な要因を排除するという意味でのウェストファリア的主権」、②「フランス革命が生み出した国民の意思の表明としての立憲的な主権」、③「二〇世紀半ばのアジア、アフリカ植民地独立の結果として生まれた平等主義的な主権」のそれぞれについて、由来を検討する必要があることはいうまでもない。

本章で「近代性」を論ずるさいの主権は、右のいずれをも含むものである。そのため本章では、主権の分節化という作業をいったん保留しておく。Christopher J. Bickerton, Philip Cunliffe and Alexander Gourevitsh, "Introduction: The Unholy Alliance against Sovereignty, Bickerton, Cunliffe and Gourevitch（eds）, *Politics without Sovereignty: A Critique of Contemporary International Relations*（Abingdon: University College London Press）, 2007, pp. 8–16.

＊2　Alexander Passerin d'Entrèves, *The Notion of the State: An Introduction to Political Theory*, Oxford University Press, 1967, Chap. 4. "In Search of Sovereignty"; Francesco Maiolo, *Medieval Sovereignty: Marsilius of Padua and Bartolus of Saxoferrato*（Delft: Eburon Academic Publishers, 2007）.

＊3　Carl Schmitt, *Polititsche Theologie*, 1922（田中浩・原田武雄訳『政治神学』未來社、一九七一年、四九頁）. いわく、「現代国家理論の重要概念は、すべて世俗化された神学概念である」。なお、シュミットが中世神学との連続性を強調するさいに、主権の強制装置としての「例外状況」と神学の「奇蹟」との類推を用いていることは興味深い。

＊4　Thomas Aquinas, *De Regimine Principum*（柴田平三郎訳『君主の統治について――謹んでキプロス王に捧げる』慶應義塾大学出版会、二〇〇五年、八四―八五頁）.

＊5　Ibid.（前掲邦訳、一八頁）

＊6　Peter Haggenmacher, "L'État Souverain comme Sujet du Droit International: De Vitoria à Vattel", *Droits: Revue Française de Theorie Juridique*, No. 16: L'Etat, 2, Presses Universitaires Françaises, 1993, pp. 11–20.「内的構造や国際的人格として近代国家を考えた場合、戦争は、国家概念を生むための強力な触媒であった。何よりも交戦主体という資格において、国家は国際法の主体となったのである」。Ibid., p. 13.

＊7　Thomas Hobbes, *De Cives: Elementa Philosophica*, sctio tertia（本田裕志訳『市民論』京都大学学術出版会、二〇〇八年、一二二頁）.

＊8　Ibid.（前掲邦訳、一二〇頁）

＊9　Vattel, *The Law of Nations, or Principles of the Law of Nature Applied to the Conflict and Affairs of Nations and Sovereigns*, London, 1797, pp. 292–293. ヴァッテルは、主権的権力のみが交戦の権威を持つとしながら、そもそもその権力の由来は国民にあると論じ、国民の意思によりその権力の形態が変ったり、そこに制限が設けられる場合もあるとしている。言い方を換えると、交戦権を国民が規制ないし管理し、君主以外の人物や団体が行使し得る点が暗示されている。

＊10 G. W. Leipniz, *Caesarini Fuerstenerii tractatus de jure suprematus ac legationis prinsipum Germaniae*, 1677, in *Die Werke von Leipniz*, edited by O. Klopp, Hanover, 1872, Vol. 1, No. 6, pp. 143–44.

＊11 Baruch de Spinoza, *Tractatus Politicus*, 1677（畠中尚志訳『国家論』岩波文庫、一九四〇年、二六頁）.

＊12 Ibid.（前掲邦訳、三九頁）スピノザはまた、最高権力の保持者がこの権力を乱用しないための保証を理性に求めている。「最高権力は、用心してその統治権を保持せんとすれば、公共の福利のために計り、万事を理性の命令に依って導くことが何より大事だからである。全くセネカが言うとおり、何人も専制政治を長くやり続けた者はいなかったのである」。*Tractatus Theologico-Politicus*, 1670（畠中尚志訳『神学・政治論』岩波文庫、一九四四年、一七四―一七五頁）.

＊13 Ibid.（前掲邦訳、三五頁）

＊14 主権国家を成り立たせたこのようなディスコースを「リヴァイアサン・モデル」と呼び、その特徴を「現実のすべての個々人を包摂し、市民とはその身体であり、その魂は主権であるというような、自動的で、人造的、統一的でもあるといった、ひとりの人工的人間のモデル」にみたのは、フーコー（Michel Foucault）であった。かれはまた、そのような神話的ディスコースを「捨て去らなければならない」として、むしろ「支配技術と支配戦術」という角度から主権を分析するよう提唱している。*Il faut défender la société: Cours au College de France* 1975–1976（石田英敬・小野正嗣訳「一九七六年コレージュ・ド・フランスにおける講義」『社会は防衛しなければならない』筑摩書房、二〇〇七年、三六頁）.

＊15 Spinoza, op. cit.（前掲邦訳、三二頁）

＊16 Ibid.（前掲邦訳、三九頁）

＊17 Daniel Philpot, "Ideas and the Evolution of Sovereignty", Sohsil H. Hashmi (ed.), *State Sovereignty: Changing and Persistence in International Relations* (Pennsylvania: The Pennsylvania State University, 1997), p. 30.

＊18 Stephen Toulmin, *Cosmopolis: The Hidden Agenda of Modernity* (New York: The Free Press, 1990)（藤村龍雄・新井浩子訳『近代とは何か――その隠されたアジェンダ』法政大学出版局、二〇〇一年、一七二頁）.

＊19　Spinoza, op. cit.（前掲邦訳、四五頁）

＊20　James Der Derian, *On Diplomacy: A Genealogy of Western Estrangement* (Oxford and Cambridge MA: Blackwell, 1987), pp. 111–116.

＊21　Michael Oakeshott, "On the Character of a Modern European State", Oakeshott, *On Human Conduct* (Oxford: Oxford Univerity Press, 1975), pp. 185ff.

＊22　Vattel, op. cit., p. xiii.

＊23　Idid., pp. 311–312.　ここでヴァッテルは、ヨーロッパを、各国が独立を維持しながら「秩序の維持と自由の保全」という「共通の利益」のために結びついた「一種の共和国」とみなしている。

＊24　G. W. F. Hegel, *Vorlesungen über Rechtsphilosophie*（長谷川宏訳『法哲学講義』作品社、二〇〇〇年、五九八頁）.

＊25　K. Waltz, *Theory of International Politics* (Columbus: MacGraw Hill, 1979), p. 90.

＊26　Robert Jackson, "Introduction", Jackson (ed.), *Sovereignty at the Millennium* (Oxford: Blackwell, 1999), p. 19.

＊27　David Hume, *Essays, Moral, Political, and Literary*, 1741（田中敏弘訳『道徳・政治・文学論集』名古屋大学出版会、二〇一一年、二六八―二七六頁）.

＊28　Immanuel Kant, Die Metaphysik der Sitten, 1797（樽井正義・池尾恭一訳『カント全集II　人倫の形而上学』岩波書店、二〇〇二年、一九七頁）.

＊29　Kant, Zum ewigen Frieden, 1795（宇都宮芳明訳『永遠平和のために』岩波文庫、一九八五年、「第一補説：永遠平和の保証について」七〇頁）.

＊30　C・シュミットによれば、近代主権国家による国際法秩序の基本的性格とは、「全面戦争を避止し、戦争を限定するためにむしろ国家観戦争の性格を鈍化させる」ことであり、つまり「戦争を正規軍のものに限定すること」などを通じて「住民や私有財産を保護する」ことであった。ここには、主権国家同士の戦争ならばその戦禍は受忍限度に収まるに違いない、という戦争観が投影されている。あくまでもこれは、二〇世紀法学者に

よる主権国家体系の回顧的解釈ではあるが、一八世紀以降の君主たちの理解を裏付ける論理としても一定程度は有効であろう。“Staat als konkreter, an eine geschichtliche Epoche gebundener Begriff”, Verfassungsrechtliche Aufsätze, 1958（長尾龍一訳「ジャン・ボダンと近代国家の成立」『カール・シュミット著作集II』慈学社出版、二〇〇七年、一二四―一三〇頁）.

第三章　主権への挑戦

はじめに

領土内に複数の最高権力者が存在する体制を、国家と呼ぶことはできない。このような発想の下に定式化された「主権」は、独立国家の礎石として、日本や非西洋地域をも含む多くの国々に取り込まれた。各国家は、主権という梃子を用いて国内の軍事的、政治的、経済的、文化的な統一を推し進めることができた。

主権概念はまた、対等な自己決定権を持つ複数の主体が「自助」によって世界秩序を維持するという、合理的な仕組みの定着に預かって力があった。とくに二〇世紀において、主権は民族自決の原則として再定式化され、アジア、アフリカの植民各国が独立を達成するさいにそのシンボルとしての有用性を発揮する。

しかしながら、西洋発の多くの政治概念とともに、この考え方も、それが国際社会の構成原理として採用され始めたとき、多くの不合理や矛盾を含む点が明らかとなる。とくに主権が君主を離れて抽象的な「国民」の手に渡り、さらに西洋を出て米大陸、東欧、バルカン半島地域、中東、アフリカ、アジアの人々に伝えられたとき、主権による秩序維持システムは様々な困難に遭遇する。というのも、西洋以外の人々にとって、「主権の担い手は国民、民族、領土民のうちの誰か」という問題に解決をもたらすことが、西洋人においてほど容易ではなかったからである。

1　主権に対する懐疑

主権論が非西洋に辿り着く以前に、そこへ様々な異議が申し立てられていた点も忘れてはならないであろう。

たとえば、君主制とは無縁で、数世紀に亘って領土が徐々に拡大し、国際社会に遅れて参入したアメリカでは、建国以前より一元的な主権という発想に違和感を持ち続ける人々がいた。一八世紀にハミルトン（Alexander Hamilton）は、ヨーロッパにおける国家の乱立とそれら相互の確執を念頭に措いて主権論を迂回することを思い付き、複数のユニットが独立を失わずに紐帯を保ち続けるような制度を構想していた。これが、連邦的共和制という形で実験に移されたのである。[*1]

この独特な政治制度のおかげでアメリカは、ヨーロッパ君主国と異なり、国民統合を進めるにあたって主権に頼り過ぎることがなかった。[*2]むしろアメリカでは、決定権限を一つに置くべき領域、すなわち、外交、国防、通貨発行などを「例外」として連邦政府に託し、それ以外の権限を州政府や州議会に委ねるという仕組み、さらに市民社会の領域を政府から自立させるという仕組みが軌道に乗ったのである。

当時のアメリカのように、国民がフロンティアの気概に溢れ、かつ領土が未確定である場合、中央政府を必要以上に強化すれば、それに反撥する人々が国家を分裂や解体に導く恐れがある。一九世紀半ばの南北戦争は、その危険を裏付けたといってよい。したがって、分裂を避けるために、過度な権限集中を阻止する仕組みが二〇〇年以上も維持されている。

主権を規制する？

主権に過度に頼ることのない政治統合を模索したのは、アメリカのみではなかった。多様な民族や地域を抱えるスイス、オランダ、そして戦後西ドイツが、連邦制、地方分権、多極共存型デモクラシーなどの新しいタイプの主権国家を目指していった。その種の国家においては、多民族の共存を達成すべく、主権の権能を制限し、なお少数者の権利を主権による侵害から守る制度が組み込まれ、地方主義や多文化主義が採用されたのである。

政治ディスコースに眼を向けるならば、たとえば二〇世紀初頭にイギリスのH・ラスキ、E・バーカー、G・D・H・コールの展開した「国家多元主義」は、大陸の政治理論の描いた単一主権、またルソーが唱導した人民主権がフィクションに過ぎない点を強調している。[*3] ラスキに従えば、デモクラシーは、国民が集合的に主権を運用する体制としてではなく、政党、官僚、労働組合、メディア、市民などの中間団体が競合するアリーナとして解釈されるべきなのである。そのために、主権の機能をなるべく限定しておくことが自由の保障に有効だと考えられた。[*4]

こうして、アメリカ連邦主義やイギリス多元主義などの影響を受け、先進各国のデモクラシーの中には、スイス、カナダ、ベルギー、オランダのように、集権的なデモクラシーから、権力分立のもと個人が政治的決定への平等な参画を保障される立憲デモクラシーへと移行してゆくものも生まれた。

しかしながら、右のような主権への懐疑が、必ずしも「国際関係における」主権国家システムへの異議申し立てに結びついていたわけではない。それどころか、本書第六章で取り上げる帝国時代のイギリス、キューバやフィリピンを軍事的に制圧した一九世紀後半以降のアメリカの事例からも明らかなとおり、地方分権や連邦制を敷く国家にも、国内の分散力を打ち消すため、国外で強い主権主義を打ち出す傾向がみられた。

言い換えると、国際関係における主権論の本格的な見直しは、権力集中への警戒という発想とは異なる、認識論的な地平から主権を脱構築するような視点を必要としていたのである。

フーコーの貢献

その意味で、ポストモダン思想が提供した系譜学的なアプローチ、とりわけフランスの哲学者M・フーコーの権力論が果たした役割は決定的に重要であろう。フーコーこそが、一九七〇年代に主権をディスコースもしくはナラティヴとして解釈することで、主権の脱神話化への途を拓いたからである。学問的な認識が権力と知の支配的結合から生まれると考えたフーコーは、現代の政治学や法学が、主権の保持者と正当性の問題に関心を集中させている点を批判した。さらに、そのことが学問の創造性を圧殺し、社会科学の進歩の妨げとなっていると指摘した。

主権の問題こそ西欧社会における司法の中心問題だと述べることは、法の言説および法の技術が、本質的には権力の内部において支配の事実を霧散させていたことを意味します。[*5]

フーコーによれば、国家多元主義者のように、主権と自由を対置させて、主権の制度的抑制が政治的自由の保証であると解釈すれば、権力関係についての近代に特有な偏見へ加担することになる。

規律実践に対して、というよりむしろ規律権力に抗して、規律的でない権力を求めて戦うために私たちが向かうべき方向は、旧い主権法ではありません。新しい司法、反規律的だが同時に主権の原理から解放された司法の方向に向かうべきなのです。[*6]

フーコーのみるところ、権力は日常生活のミクロ・レベルで、生の馴致化とそれに対する抵抗のプロセスを通じて行使されている。その意味で自由とは、主権の獲得、規制、管理のみを目的として追求されるべきものではなく、日々の運動の中で見出され、実現されるべきものであった。このようにフーコーは、権力についての認識の転換を促すことによって、社会を扱う学問全般に自由な思考を取り戻させようとしている。

主権についてのフーコーの問題提起は、国際関係におけるポストモダン潮流、すなわちウェント（Alexander Wendt）、アシュリー（Richard Ashley）、エルシュテイン（Jean Bethke Elshtain）、ダーデリアン（James Der Derian）によって受け継がれてゆく。[*7] のちにみるように、新思考の国際関係論者であるかれらは、主権国家相互の平和的な調整という発想から抜け出て、むしろ国際関係論において主権が神格化され、その神格化によってアイデンティティの自由が圧殺されている状況を問題視してきた。

新思考の国際関係論者たち

主権国家という不動のユニットがあり、ユニット間にもたらされる規律がすなわち秩序である。このような秩序観に代わるパラダイムを国際関係論は構想し得るのか。本章の以下では、この課題に挑んでいる国際関係論者のうち、フーコー、デリダなどのポストモダン社会科学の影響下にあるリフレクティヴィスト（reflectivist）やコンストラクティヴィスト（constructivist）を検討しておきたい。[*8]

リフレクティヴィズムは、国際関係の前提とみなされてきた概念や現象を取り上げて、それが妥当かどうかを再検討するとともに、人間がそれを「前提だと認識するプロセス」を、系譜学的な探索ないし内観的な反省によって突き止めようとする。リフレクティヴィストの主要な標的は、いうまでもなくリアリズムの現状認識ならびにその主観的バイアスである。すなわちかれらは、リアリズムのいう「現実」ないし「実体」が、対象を認識する側（リアリスト）の世界観の投影に過ぎない点を、パラダイム論やディスコース分析を通じて浮き彫りにしようとした。

もとより、リアリズムは戦争の「再起性」（recurrence）を根拠にして、権力闘争が不可避であり、それが人間意思の及ばない領分に属するという見解を抱き続けてきた。このような認識モデルは、アナーキカル・モデル、ホッブジアン・モデル、ビリヤードボール・モデルなどと名付けられ、「この世に戦争が絶えない理由」を説明するために動員された。

ポストモダニストによると、リアリズムのこのような現状認識は、特定の世界観によって支えられ、特定の渇望へ与している。すなわちそれは、国際関係の主体が、前‐国家的ないし未‐国家的な共同体から近代的な主権国家へと移行し、そのことによって一定領域内でアナーキーが緩和され、逆に領域外ではそれが持続もしくは拡大するという歴史認識である。言い換えると、現実の国民国家を「あるがままに分析している」ことを自負するリアリストも、実は近代主権国家が主体を演ずる世界を暗に待望し、推奨さえしている。

さらに、ポストモダニストの中には、リアリストのみならず近現代の国際関係ディスコース全体を脱構築の俎上に載せ、そこに個人の自由やアイデンティティを主権国家という「鋳型」に押し留めようという渇望と、国際関係の現実に変化がもたらされることを嫌う傾向を読み取るものもいる。

たとえば、ウォーカー（R. B. J. Walker）やティックナー（Ann Tickner）は、国家間（＝国際）関係という発想に、いわば近代的思考の特徴ないし欠陥である主客の分離、肉体と霊魂の区分、自然と作為の対照が増幅されて取り込まれており、学問としてIRがこのような二項対立的認識に影響され、現実の推移を捉え損なう恐れがある点を指摘していた。[*9]

かれらに従うと、たとえば国際関係論者たちの主権論が依拠する私事と公共、国内と国外、内国人と外国人、内政と外交、秩序と無秩序、戦争状態と平和状態、雄々しさと女々しさなどの区分は、現実には対立のないものについて、持続的に対立する二物であるかのような印象を観察者に植え付け、現実にその対立を増幅してしまう惧れがあった。

2　ナラティヴとしての主権へ

ポストモダン国際関係論の旗頭の一人R・アシュリーは、後に紹介する構成主義者のA・ウェントとともに、リアリストの「アナーキー」の論理に照準を定め、リアリストがなぜ人間世界の現実から遠ざかってゆくのかを解き明かしている。いやアシュリーによると、そのような固定観念に呪縛されているのはリアリストのみではなかった。主権論に懐疑の眼を向け、グローバル市民社会の連帯を唱えるリベラルな学者たちでさえ、「中央権威を欠いた」国際社会、つまり粗野で野蛮な自然状態を脱するため人智によって秩序を創る、という先入観から自由ではなかった。

アシュリーは、リアリストによる「アナーキーから主権へ」という描き方を一つの説話とみて、それを「英雄的習わし」(heroic practices) と名付けている。[*10] その説話においては、アナーキーが「主権による秩序」の陰画の役割を果たしつつ、かつ主権という英雄が活躍するためのお膳立てを提供していた。いうまでもなく、そのおぞましい陰画において、事物は人間のコントロールを受けることなく、無秩序のきわみにある。

主権という言説の「聴衆」がそこにいたとすれば、その聴衆が迫られる選択は、まさしく「主権をとるか、それともアナーキーをとるか」なのである。このことからして、主権についてのディスコースは、客観的な記述というよりは、むしろ聴衆に待望や嫌悪を催させるような誘導話法であることがわかる。

ディスコース分析の視点からみると、リアリストの解釈において国際関係がアナーキーであるのは、主権者の価値を浮き立たせるため、国際関係をアナーキーな状態に演出しておかねばならなかったからだ。さもなければ、統率をもたらす英雄を待望する理由が失われていたに違いない。

いずれにしても、主権者としての君主(のちに国民やその代表)のみが、アナーキーに翻弄されない空間を樹立し、維持することができる。そのような期待を背に、公共の利益を「計算し」、国家の福利を「設計し」、条約という契約を「締結する」ところの英雄として、君主は立ち現れるのである。

アシュリーはまた、このような主権者(君主)に託された時間＝空間の制御という任務を、グローバル・ライフの馴致化（domestication）と言い換えている。知とディスコースの世界で擁立が目指された司令塔とは、王位を継承し、家産を維持する絶対君主、もしくは、誰も及ばないような物理的な力を行使するホッブズ的君主では必ずしもなく、個人的偏見から解放された理性であり、公共の立場に身を置いて秩序を意思する主体である。

近代的な構築物としての主権は、かれ自身が言葉の起源であり、歴史の造り手であり、世界の意味の源泉であるところの「近代的理性人」という、英雄的な人物像を呼び覚ます。そこに呼び覚まされた理性人は、世界秩序が神によって与えられたものではないこと、そして、人間があらゆる知識の源泉であり、歴史に意味をもたらす責任が人間自身にあり、理性を通じて人間が知識の全て、完全な自立、力の全てを獲得し得ることを心得ている。[*11]

アイデンティティと主権

一方、ポストモダン国際関係論の先駆的役割を担ったA・ウェントは、国家アイデンティティの形成という別の観点から「自然状態」論に批判的な分析を加えてきた。[*12]もとよりリアリストたちは、国家という人間の集合が、個人と同様に「自立し」、かつ相互に「対立する」アイデンティティを持つと解釈していた。このような解釈においては、個人と国家がダイレクトに類推され、個人のアイデンティティも国家のアイデンティティも「衝突」という点において本質的に異なるところがない、と考えられている。

これに対してウェントは、アイデンティティが揺れ動く文脈に置かれ、その文脈に規定され続けるという点を、ギデンズ（Anthony Giddens）の構造化（structuration）や心理学の「鏡像理論」（mirror theory）の手法を用いて、次のように解明してゆく。

たとえば、自然状態において他者と遭遇したとき、かれ／彼女が遭遇した相手を「自己にマイナスである」と即断することは希であろう。なぜならば、このような不確実性下において、異邦人のイメージは観察や内省を経て徐々に形成されるからである。しかし、この人物に対して、「自然状態は生存競争である」という説話（意味解釈）をあらかじめインプットしておくとどうなるか。かれ／彼女は、相手からの攻撃の可能性を高く見積もって、相手は自分にマイナスの作用を及ぼす恐れが強いと考え、身構えるであろう。なおかつ、自分が相手に警戒心を抱いているように、「相手もまた自分に対して警戒心を抱いている」と推理し、余計に身構えるかもしれない。

自然状態においてひとは、「他者がかれ／彼女に対してどのような意味を持つか」の解釈に基づいて行動を選択している。しかしこの段階において、意味解釈はなお柔軟さを失ってはおらず、相互行為の様態によって変化し得るままである。[*13] しかし、否定的な印象を投射して相手の行動の予測を立てた場合はどうなるか。相手の敵意を裏付けるような行為のみが知覚に取り込まれ、ほどなく「争いが不可避である」ことが確信される。この人間が相手に脅威と映るような積極的な防衛策を採るとき、双方が干戈を交える可能性は大きくなる。しかも、小競り合いが起きると、恐怖心も手伝って、「他者と衝突するのが当たり前」という認識がエージェントの中で反復される。

このように考えると、ユニットが主権的かつ絶対的なものとして相対するがゆえに、衝突が起きるのではなく、ユニットの頭に擦り込まれた「自然状態は生存競争であるという」ナラティヴが、不確実性を衝突に変化させたと解釈することができる。その意味で、生存競争とは、学問によって発見すべき真実でも、ディスコースによって叙述すべき事実でもなく、不確実性について人間の下す判断（意味付け）、そしてその判断に基づいて為される人間の行動の「プロセス」だと言い得るだろう。[*14]

ひとが他者と遭遇してから敵対するまでのプロセスの中で、競合的なアイデンティティがどのように形成されるかを明らかにし、それを国家間関係にまで応用することによって、ウェントは「アナーキーは、諸国家がそこから作ってゆくもの」（Anarchy Is What States Make of It）と結論付けたのである。[*15]

さらにウェントは、のちの「国際関係におけるアイデンティティと構造変化」という論文において、自然状態で自己保存を追求するアクターの選択肢が、必ずしも自助（self-help）や孤立ではないことを、アイデンティティの形成過程に即して説明してゆく。ウェントに従えば、なるほど自然状態において遭遇したエージェント同士が何時でも協業に向かうという必然性は存在しないが、実践における協業の芽生えに応じて、アイデンティティもまた、連帯や共同体的なものへと変化し得るのであった。[*16]

アナーキー・モデルの克服

アシュリーやウェントがリアリストを批判するさい、とくに後者のアナーキカル・モデルに矛先を向けているのは、リフレクティヴィズムの立場からリアリストの戦争原因論を分析すると、後者の認識プロセスの問題点が浮き彫りになるからにほかならない。

ポストモダン国際関係論によると、戦争状態は、政策担当者がリアリズムを「真理を映し出すモデル」として採用し、それを「避けがたい」と思い込むことで始まる。リアリズムを意識的に採用しているわけではなくとも、自らの経験から「人間は好戦性を抑制できない」と認識している観察者や政策担当者は、このリアリズムに接近していることになろう。

戦争を不可避とみなすリーダーたちにとっては、「出し抜かれるより出し抜いた方がまし」と考えることが合理的である。そこでかれ／彼女は、国民や軍部に臨戦態勢を採るように指令を出す。さらに安全保障という至上命令のために、主権を使って内部の締め付けを強化するかもしれない。この瞬間に柔軟、妥協、寛容、譲渡、忖度といった創造的な思考は停止され、戦争回避の可能性は凍結される。

このように戦争もまた、開戦を決定する立場にいる人間が、その意識や選択の幅を狭め、開戦以外の選択肢を捨て去り、戦争状態を「自ら裏付ける」ことによって、作為が及ばないと思われるような定常性、すなわち「現実」に変わる。要するところ、戦争状態を現実と考えるリアリズムとは、コンストラクティヴィストにいわせると、「自己達成予言」（self-fulfilling prophesy）に似た何かなのである。*17

そのようなアプローチは、主権に代わる秩序をはっきりと指し示してくれるわけではない。しかし、われわれが主権という呪縛を振りほどき、なおかつ国際秩序についての「創造的な思考」を回復するさいに、かれらの分析が示唆するものは少なくないだろう。

のみならず、アナーキー理論の脱構築作業はまた、重要な含意を持っている。リアリストが主権を使って改善を試みたアナーキーそのものが、ディスコースの世界にしか存在しない「観念的な構築物」であるならば、われわれは、アナーキーと戦うために主権をいまのような形のまま保持するには及ばない。それればかりか、われわれは主権に頼らない国際秩序について語り得るかもしれない。

3 個体主義からの脱却

アイデンティティと主権の関係を論ずるさいのリアリストの前提は、①自己の力のみで存続が可能なユニット（国家）が二つ以上存在する、②それらのユニットは、自己の存続に係わる利害について合理的な判断を行い、その判断に基づき行動することができる、その結果、③国家を上回る権威の設立は永遠に失敗を運命付けられている、の三点にあった。

コンストラクティヴィズムのメタ主権論からこのようなリアリストの理論を分節化してみると、その根底に、完成された「個」が国際社会という全体構造より「先立つ」という論理が横たわっていたことがわかる。言い換えると、リアリズムを支配しているのは、いわゆる個別の単位（国家）が寄せ集まり、しかるのちに全体のシステム（国際社会）が築かれる、という近代物理学に特有な認識法にほかならなかった。[*18]

リアリストの秩序認識においては、外的なシステムが解体しても、個々のユニットはなお存在し続けると考えられている。いうまでもなく、各国がそのような前提に立って行動すれば、とくに生存競争の下では、他国を犠牲にしてまでも「生き残ること」が目指され、システム全体への配慮は二の次とされる。

エージェントとストラクチャー

このような分析を施すと、リアリストたちの「主権国家による秩序」が、「個体主義」(individual-ism)を現実世界へ投影することで生まれた概念的構築物である点もまた、明らかとなるだろう。ここでいう個体主義とは、社会の成り立ちを物理学的な類推によって説明するモデルであり、およそ物質は構成要素としての最小単位(アトム)に分解することが可能で、その最小単位は互いに他に還元され得ない、という社会観と定義される。

これとは反対に、コンストラクティヴィズムやリフレクティヴィズムが提示しようとしたのは、国家がシステムを構成する主体であるより前に、システムによって「生かされている」という視座であった。つまりかれらに従うと、国家の独立性は安定的なシステムが成立しない「原因」なのではなく、むしろ政策担当者が不確実性というシステムの性格を「衝突」と即断して、協業やwin-win関係への可能性を閉ざしたことの「結果」にほかならない。*19

リアリストが現実を正しく記述していると言い難い点は、コンストラクティヴィストの立場から現実の国家の生成を振り返り、その対外的な意義を読み解いても明らかとなるだろう。たとえば新興独立国の主権は、「他国による法的ないし事実上の承認」なしには効力を持ち得ない。しかるに承認とは、他者がいて、かつ他者との間柄についての法的なシステムがあらかじめ確立されていなければ為し得ない行為である。このことは、国家が、自我やアイデンティティのみによってではなく、むしろ他者との法的な関係の中でその独立を獲得することを意味している。

主権国家のほぼすべては、独立の尊重、主権平等、領土不可侵、武力不行使などで構成される「国際システム」が国家の独立性や自決の正当性を高めるまでは、安定した生存の基盤を手に入れることはできなかったのである。この限りにおいては、主権国家の存在根拠もまた、相互主観性の産物であるところの国際規範が与えたと考えることができるし、今日の国家の安全とアイデンティティは、一部の超大国を除けば、軍事力よりもむしろ「軍事力の行使を禁じた国際制度」によって確保されたと考える方が妥当であろう。[*20]

相互主観的な自我形成のプロセスという仮説は、一七世紀の主権国家システム誕生の説明にも当てはまる。当時のフランス、スペイン、イギリス、ドイツ諸邦は、近隣他国やバチカン、神聖ローマが内政不干渉原則を承認するのを見届けたのちに、国家内部の権限関係を整備していった。さらに、西洋諸国家のほとんどは、国家の地位が相互承認で確保されたのちに、主権という武器を使って「内部を統一し」、封臣を臣民そして市民に変えることが可能となった。その土台の上に、ある場合には政府が対外的な脅威を梃子にして、他の場合には国民が君主に対抗して集合アイデンティティを強化したのである。

国家アイデンティティは、国際社会における諸アクター間の交換システムより「先に」存在するのではなく、交換システムの定着と、それについての認識の生成と「ともに」形成される。言い換えると、エージェントとストラクチャーは「相互規定的な間柄」に立っているのである。[*21]

ナショナリズム解釈への含意

さらに、主権とアイデンティティの関係についての認識転換は、近代ナショナリズムの解釈にも修正をもたらし得るかもしれない。

実際に、本書第五章以下でみるように、われわれ（we）で呼び合う国民が主権を保持し、ともに国益を追求するという体制は、内発的アイデンティティの産物というより、むしろ国家が他国との関係に置かれ、その関係全体の性格（たとえば競合的関係）が意識される過程で生成したものである。

より歴史に即していうならば、国際社会においては一七世紀以降、「主権国家が戦争の主体」というゲームのルールが設定され、競合国と互角にプレーするためには、あるいは生存競争に負けないためには、共同体が「国家として統一された意思と戦略」を持たねばならないという認識が芽生えた。

その認識に基づいて君主や支配階層たちが、本来的に分散傾向にあった国内アイデンティティを、臨戦態勢に有利な形、すなわち国民に束ねたといえるだろう。したがって、ナショナリズムという集団的自我は、諸外国というシステムがあり、そのシステムについての性格付けが行われるようになってはじめて、その重要性が自覚され、形成が促されたと考えることができる。対外認識と国民意識の相互規定的関係を史実に基づいて検証してゆくことは、さほど難しい作業ではなかろう。

たとえば、倭国と呼ばれた七世紀の日本で、豪族により「日本」という意識の高揚が見られたが、そのきっかけを提供したのが、唐に対する脅威認識、さらに新羅による唐の撃退と三国統一(六七六年)など朝鮮半島の圧迫感であった。なお、幕末から明治期にかけても、列強によるアジア植民地化という環境変化、異国船に対する警戒感や外圧への恐怖、そして、明治期には「不平等条約への不満」が、国民意識強化の重要なモーメントを提供していた。

言い換えると、中国、朝鮮半島から伝わった東アジアのシステムについての情報、またオランダから伝わった世界システムにおける「ゲームのルール」についての情報がもととなり、さらに、「夷狄が日本への侵略を目論んでいる」という脅威認識が付け加わることで、統一されたシステムやプレーヤーとしての体裁を整えるべしという使命感がエリート支配層たちに芽生え、かれらがアイデンティティで国を纏めようとした。

ヨーロッパ大陸ほどナショナリズムを自覚的に推進することのなかった近代イギリスにおいても、一八世紀の大革命以降のフランスの共和主義化や対外的膨張という脅威認識、勢力均衡を築かなければならないという強迫観念が、例外的にナショナリズム運動を高揚させる。実際に、第六章でみるように、イギリスの国民意識の起源の一つは、「反仏感情」であった。

このようにみてくると、各国家はみなアイデンティティという殻を持ち、自己保存や国益追求を目指しており、それゆえに国家相互の衝突こそがシステムの性格である、と仮定するリアリストたちは、国家システムの定着により生まれた結果を、そのシステムの発生原因であるかのように取り違えてしまったことがわかる。

もしわれわれが近代物理学の個体主義との類推から離れて分析し直すならば、国家のアイデンティティを、閉じた、殻で覆われた、固定された総体とみなすことはできまい。それは、複合的かつ流動的であり、人々の対外認識の仕方次第で、また外部との接触の仕方如何で、多様に枠付けられるものであった。

おわりに

今日、多国籍企業、国際金融資本、ＩＮＧＯなどの非国家的アクターが国際関係に参入を始め、国際関係の変化を加速している。いまや、国際関係の主要なアクターが主権国家であるという解釈に現実的妥当性を見出すのは難しい。それゆえ、国際関係の学問と実践の乖離を埋めるべく、主権の問い直しが日程に上っている。

しかしその場合にも、国際関係論の今日的な課題が、変化の動因としての非国家的アクターの重要性を認め、それらを主権理論やグローバル・ガヴァナンスの実践に取り込むことだけにあるわけではない。これまで述べてきたように、国際関係論には、それを成り立たせてきた近代的な思考に対する認識論的な反省と、個体主義という近代物理学的発想からの解放が求められている。

実際に、ウェントが「エージェントは社会システムと独立して存在することはできない」というとき、かれはまさしく個体主義を乗り越える必要性と、個体と全体の「同時的生成」や「相互規定性」というポストモダン的な視点を導入して、固定観念を脱却する必要性を訴えていたのである。

主権を支えるディスコースについての国際関係論者の反省はまた、主権を基軸とした「国内－国外」、「個別－普遍」「アイデンティティ－差異」、「統一－多様」という二分法こそが現代世界における不和の主要な原因になっているという、R・B・J・ウォーカーの問題意識とも通い合う。[*22] アシュリー、ウェント、ウォーカーといった国際関係論者の主体論に通底するのは、国家や民族を、「コンテクストの中で形成される流動的なもの」として理解しようとする姿勢であり、これまで主権理論のもとで見逃されてきた世界政治のエージェンシーやそのアイデンティティを救い上げようという努力であった。

かれらの分析対象は、国家の間柄よりも「生」の日常のプロセスにおかれる。そしてかれらは、国際関係のあたらしい動因として、むしろアイデアとかアイデンティティに眼を向ける。学問の対象を「ずらす」試みを通じて、はじめてわれわれは主権国家秩序に代わる何かを創造的に探し求めることができるのだから。

注

＊1　Alexander Hamilton, "Federalist No. 6: Concerning Dangers from Dissension Between the States", in *the Federalist Papers*, Yale Law School Library, http://avalon.law.yale.edu/18th_century/fed06.asp

＊2　このような着想を与えたのが、国家は「それぞれが完全な state であることを止めることなく」永遠の国家連合を築きうると述べたヴァッテルであった点については、以下を参照。Warren L. McFerran, *Political Sovereignty: The Supreme Authority in the United States* (Sanford: Southern Liberty Press, 2005), p. 74.

＊3　Harold J. Laski, *The Foundations of Sovereignty and Other Essays* (New York: Harcourt Brace and Co., 1921), pp. 240–42. ここでラスキは、アメリカ合衆国による連邦制の実験についても高い評価を下している。

＊4　主権が道義性の源泉であるというヘーゲル流の国家論へのラスキの反論については、以下を参照せよ。Harold J. Laski, "International Government and National Sovereignty", in *The Problem of Peace* (London: Oxford University Press, 1927), p. 292.

＊5　Michel Foucault, *Il faut défendre la société: Cours au College de France 1975–1976*（石田英敬・小野正嗣訳「一九七六年コレージュ・ド・フランスにおける講義」『社会は防衛しなければならない』筑摩書房、二〇〇七年、二八頁）.

＊6　Foucault, Ibid.（フーコー、前掲邦訳書、四二頁）

＊7　フーコーのポストモダン国際関係論への影響については、John Hoffman, *Sovereignty* (Buckingham: Open University Press, 1998), pp. 75–84. なお、ポストモダン国際関係論による主権の解釈を整理したものとして、以下の文献がある。Christopher J. Bickerton, Philip Cunliffe and Alexander Gourevitch, "Politics without Sovereignty", Bickerton, Cunliffe and Gourevitch, *Politics without Sovereignty: A Critique of Contemporary International Relations* (London: University College London Press, 2007), pp. 20–38.

＊8　このような新思考の学派が「制度の特徴や国際政治の性格についての人間による省察（reflection）」に重きを置いているという理由から、かれらをリフレクティヴィストと名付けたのは、コヘインであった。Robert

Keohane, "International Institutions: Two Approaches", *International Studies Quarterly*, Vol. 32, No. 4 (1988), p. 382.

＊9　R. B. J. Walker, *Inside/Outside: International Relations as Political Theory* (Cambridge: Cambridge University Press, 1992); Ann Tickner, "Beyond Dichotomy: Conversations between International Relations and Feminist Theory", *International Studies Quarterly*, Vo. 42, Issue 1, March 1998.

＊10　Richard Ashley, "The Powers of Anarchy: Theory, Sovereignty, and the Domestication of Global Life", James Der Derian (ed.), *International Theory: Critical Investigations* (London: MacMillan, 1955), pp. 103–104.

＊11　Richard Ashley, Ibid., p. 108.

＊12　ただし、ウェント自身は、自らの立場を実証主義とリフレクティヴィズムの中間、国際関係論の主流とポストモダン社会理論の中間と位置づけている。*Social Theory of International Politics*, pp. 40, 47.

＊13　Alexander Wendt, "Anarchy Is What States Make of It: The Social Construction of Power Politics", *International Organization*, No. 46 (1992), pp. 396–397, 403.

＊14　Alexander Wendt, *Social Theory of International Politics* (Cambridge: Cambridge University Press, 1999), pp. 12, 185.

＊15　アナーキーは「国家による構築物」であるばかりでなく、外界への参照よりもむしろ学問領域内部の論争から生まれた「国際関係論者による構築物」でもあるという指摘については、以下を参照せよ。Brian C. Schmidt, *The Political Discourse of Anarchy: A Disciplinary History of International Relations* (Albany: State University of New York Press, 1998), p. 232.

＊16　Alexander Wendt, "Identity and Structual Change in International Relations", Yosef Lapid and Friedrich Kratochwil, *Return of Culture and Identity in IR Theory* (Boulder and London: Lynne Rienner Publishers, 1996), pp. 53–54.

＊17　Alexander Wendt, op. cit. (1992), p. 406.

＊18　この最小単位の発想の由来を、ライプニッツの単子（Monado）論にみることもできる。Robert W. Cox, "Social Forces, States and World Orders: Beyond International Relations Theory", *Millennium: Journal of International*

Studies, Vol. 10, No. 2 (1981), pp. 128–137.

＊19　アイデンティティ、主権、国益という「堅い殻」を想定し、ユニットとしての国家を「所与」とみなした国際関係論の代表と考えられ、しばしば新思考の国際関係論者の攻撃の的となっているのは、ネオ・リアリストのウォルツ（K. N. Waltz）である。この点については、かれに真っ向から批判を浴びせているバーテルソンの以下の文献を参照。Jens Bartelson, *A Genealogy of Sovereignty*（Cambridge: Cambridge University Press, 1995）, pp. 23ff.

＊20　Jack Donnelly, "Beyond Realism and its Critics: The Decline of Structural Neo-Realism and Opportunities for Constructive Engagement", Stephanie Lawson（ed.）, *The New Agenda for International Relations*（Cambridge: Polity, 2002）, p. 193.

＊21　Ted Hopf, "The Promise of Constructivism in International Relations Theory", *International Security*, No. 23, pp. 172–73.

＊22　R. B. J. Walker, Inside/Outside: *International Relations as Political Theory*（Cambridge: Cambridge University Press, 1993）, p. 154.

第四章　安全保障概念の変革に向けて

はじめに

「国家の揺らぎ」が指摘されるようになって久しい。国家の将来に対する懐疑的な見方が多く語られる中で、安全アプローチとしての「人間の安全保障」に期待が寄せられている。

とくに、二〇世紀最後の四半世紀に、地域全体に波及する恐れのある内乱、越境するテロや犯罪組織、核関連物質や麻薬の密売、大規模自然（複合）災害、感染症や家畜伝染病、地球環境の悪化など、国家の枠組や伝統的な安全保障では対処し切れない脅威の高まったことが、学者や実務家に伝統的な安全保障論の限界を自覚させ、安全（security）についての新しい概念の開拓を急がせた。

「リスク社会」ともいわれる現代に生き、オウム真理教事件（一九九五年）や炭疽菌事件（二〇〇一年）、そしてサイバーテロなどを耳にした市民の感覚として、脅威や危険の性質が変化し、安全概念の組み替えが必要となったという説明には、頷くことのできるものが多くある。「軍事力によらない国際貢献」を模索してきた非戦国家の日本にとっても、人間の安全保障が、グローバル化時代の外交目標に相応しいスローガンであるように映じたのかもしれない。

コンパッションの高まり

コンストラクティヴィズムの立場からいうと、このような安全保障概念の流動化は、脅威の性質の変化もさることながら、欧州、カナダ、日本などいわゆる先進諸国の市民のコンパッション（同情）の増大、つまりかれらが遠隔地の人々の苦境と安全について当事者意識を抱くようになったこととも関連がある。

たとえば、欧州法学センター長でパリ大学法学部教授であるM・ベッターティは、「人々が民族紛争の犠牲となって殺されてゆくのを放置したのだから、国連の加盟国は危険の中にある人間や民族に救援の手を差し伸べなかったという罪を犯した」[*1]と述べている。つまり、ルワンダ、コンゴ、ボスニアの事例において、国連やEUが武力を用いて迅速かつ実効ある安全確保策を講じ得なかったことは、欧州やカナダの人々に自責の念とトラウマを刻み付けた。

道義心を注ぐべき対象の拡大が、介入、援助、救援を義務と考えるような世論を生み、政策担当者を衝き動かしたと言い得る。この意味で、ポスト冷戦期の人々は、コンパッションの倦怠（compassion fatigue）ではなく、コンパッションの国境を越えた増大の世界に生きている。

国家の安全保障との関連

しかしながら、人々の関心が、国家の安全より個人や集団の安全、そして遠隔地で安全を奪われ、苦境に立たされている人々の安全へと移行するとともに、伝統的な（国家の）安全保障は使命を終えたのか。

いや、先進諸国にも、隣国のミサイルが最大の脅威であり続けるような国家があり、南アジアでは、印パで国家間戦争が演じられ、境界紛争が核開発競争にまで至っていた。さらに、大国の中にはなお、領土的野心をむき出しにして、国家間秩序を損なってまでも覇権的支配を拡大しようとするものもみられる。

いずれにしても、国家の安全保障が重要性を失っていないとするならば、国家の安全保障と人間の安全保障はどのような間柄に立つのかが明らかにされねばならない。*2 そして本章の主要な目的は、両者の関係を明確化し、「国家の安全保障」から「人間の安全保障」へという安全ディスコースの変化について、その意味を検討することである。

いうまでもなく、右の疑問に対する解答は、安全保障の「どの側面を強調するか」によって異なってくる。そこで本章では、まず国家の安全保障についての基本的な発想と問題点を再確認し、そののち、両者の関係を幾つかの場合に分けて検討してみたい。

すなわち、一つは、人間の安全保障が「国家の安全保障の空白」を補完するという考え方であり、二つは、人間の安全保障は「国家の安全保障の濫用」を矯正するという考え方であり、そして三つは、人間の安全保障はより包括的な概念であって、国家の安全保障もその中に組み入れられるという考え方である。

1　国家の安全保障とは何であったか

国家単位で安全を守ることが効率的だと考えられたのは、なぜか。区画された空間に居住し、アイデンティティ（帰属意識）や価値観を共有する人々は、安全という目的をも共有するがゆえに自然と結束する。このような安全のための結束は、いわば人間の「種的な属性」に由来するとも考えられる。

もっとも、人間社会が個人主義化し、さらには多様化、分業化、高度化して護るべきものが複雑になると、安全感覚を共有するだけでは十分でなくなる。なぜならば、効能が定かではない安全に進んで税金を払おうという国民は少なく、また安全という「公共財」にはフリー・ライダーへの誘惑がつきものだからである。

そこで、フリー・ライダーを排除し、国内の「安全（囚人）のジレンマ」を取り除き、強奪・殺人などを防ぐための治安対策を強化し、社会内の紛争を調停あるいは予防し、敵国の侵入を撃退する、そのような政策のコーディネーターとして中央政府が要請される。当然のことながら中央政府には、治安と安全という結果責任を引き受けるという条件で、強制力と課税権の正当な独占が許されることになる。

国家単位での手段とリソースのこの集約こそ、近代の西欧がいちはやく確立したところの安全に関する国家モデルであった。

安全保障の前提

一七世紀に西欧は、スペイン、フランスを先駆けとして、絶対王制下で軍隊組織の整備、常備軍の設置、官僚機構の一元化に着手した。第一章と第二章でみたように、ウェストファリア講和後の体制において、絶対王政同士の最終戦争を回避し、それによる共滅を防ぐため、諸国家が相互に区画の画定と主権の承認を行った。さらに、一八世紀のフランス革命が国民という人為的な共通アイデンティティを創出し、公教育の徹底、宗教の国民化、徴兵制と国民軍の創設などの基盤強化を終えて、外からの干渉に強い共和的な国家を組織したとき、国家安全保障モデルが完成したのである。

ほどなく、ナポレオン率いるフランス国民軍に翻弄されたドイツ、イタリア、東欧諸国が、フランスへの対抗という安全上の必要から、このモデルを国家主導型に変形しつつ採用してゆく。こうして、近代国家システムを稼動させた西欧において、国民国家が並び立つ勢力均衡の時代が幕を開けた。このような国家モデルは、植民地争奪のさいの地表全体の区画作業を通じて、さらに、非西洋エリートがナショナリズムという理念に魅了されたことにより、ラテンアメリカ、アジア、アフリカをも覆い尽くすのである。

このようにみてくると、国家の安全保障は、まぎれもなく西洋の国家体系を整備する過程で生まれ、国家体系の仕組みが非西洋地域にまで広まるとともに一般化したことがわかる。それを成り立たせた根本的発想とはすなわち、以下である。

1　アイデンティティを共有する集団があり、かれらは「安全とは何か」についての認識を共有している。

2　かれらには、共に暮らす領土という、守るべき、そして監視可能な（統治を行き渡らせることのできる）空間がある。

3　中央政府が存在し、その管轄区域について住民の治安や安全を保護する意思や能力を持っている。

国家の安全保障モデルが、「国防と治安を機能的に分ける」という発想と不可分であったことをも、再確認すべきだろう。いずれの国においても、軍隊と警察という別々の組織を抱えることが合理的だと考えられていた。なぜならば、同じ安全の達成とはいえ、中央権威の不在が前提となる国境の外側では、主に「軍事力による防衛」が国民の安全（national security）を向上させるからであり、一方、法が徹底され、秩序が常態とみられる国境の内側では、もっぱら個々人に「法を守らせる」ことが安心（safety）をもたらすからである。

自助システムの完成

国際社会がこのような前提を満たす国民国家により構成されるならば、国家間の関係は合理的なものに変わるであろう。国家の安全としての甲殻が強固になればなるほど、国際関係は安定するはずだ。すなわち、

1　自助の精神が支配し、一国は他国の援助に待つ必要も、他国の情勢に気遣う必要もなくなる。
2　干渉に起因する紛争が起きにくく、一国の治安の悪化や内乱が他国に波及する恐れがなくなる。
3　地表を管轄権という形で二〇〇程度に区画することができ、区画内の責任者や外交代表を確定することができる。

さらに国家の自助によるシステムは、次の点で国家間秩序の維持にも有効であった。

1　同盟、集団安全保障、軍備管理、軍縮などについて、責任ある主体（国家代表）による確実

な履行を期待できる。

2　地球大の秩序を維持するには、自国の利益の合理的追求と国家間秩序としてのパワー・バランスへの配慮を怠らなければよい。

3　主権平等、内政不干渉原則とその裏づけとしての勢力均衡により、世界的あるいは地域的な帝国の台頭を阻止することができる。

実際に、勢力均衡時代から二度の世界大戦を経て、国連＝国際法体制の確立に至るまでの国際平和に向けた努力とそのための国際条約の束は、冷戦期に核兵器の出現によってパワーの性質と規模の変化を経験したものの、合理的かつ普遍的な仕組みとして、右のような了解に依拠していた。

いわゆる集団安全保障（collective security）やEUに代表される地域統合も、安全の地域性に広がりを持たせ、地域内での共存可能性を高めることを目的としている。また戦後、非西洋世界に「自決」の原則を徹底すべきだと考えられたのは、より多くの国々を主体としてシステムに参加させることで、「安全については自己が決定責任を負う」という体制を定着させるためであった。

要するに国家の安全保障とは、甲冑を纏った国民が、他国の影響力を遮断し、自助努力によって陣地を防衛し、同時に、陣地をめぐる衝突が国家間で起きないよう、地域全体として最大限の注意を払うことを意味するのである。ここでの安全とは甲殻を守ることであり、住民の安全は領土が安全かどうかにより決定的な影響を受ける。われわれはこれを、安全についての「属地主義」と名付けることができよう。[*3]

2　補完概念としての人間の安全保障

しかしながら、自助と属地性を基軸とする国際安全保障の体系には、グローバル化に伴うリスクの増加が問題となる以前から、幾つかのパラドクスが認められた。たとえば、区画内の強制力ないし暴力を政府が「独占して管理する」というM・ウェーバー理論の前提とは裏腹に、現在六億三八〇〇万個あるとされる地球上の小火器のうち、その五分の三を諸政府のコントロールの下にない人間が手にしている。[*4] この数字を耳にしただけでも、いかに前提と実際が隔たっているかがわかるであろう。より根本的な問題は、先の前提を満たし得ない地域までもが、このモデルを採用したことである。それらの地域に「国家の安全保障」という発想が持ち込まれたことにより、管轄の区分けとその責任者を想定した安全確保は、区画の不備もしくは失敗に起因する「安全の空白」をもたらしてしまった。

安全の空白

念願の独立を達成したものの、国境の線引きに必然性が乏しい地域（ルワンダ、ブルンジ、ソマリア）、また宗教、エスニック・アイデンティティが遠心力となって働く地域（ボスニア・ヘルツェゴビナ、ナイジェリア、スーダン、スリランカ）では、区画が流動的であり、コミュニティーが育たず、「誰が誰の安全確保に責任を負うのか」も明確にならなかった。

このような地域においては、前節で述べたアイデンティティ、領土性、責任政府という国家安全保障の要件が整うことは希である。言い換えると、安全に必要な意思、努力、手段を共同体内で集約することができない。いったん国家政府が設立されても、主権とは多数派集団の意思、治安とは支配集団の安定でしかなく、各集団が主権や「首都の支配」を奪い合うための抗争を演じ続ける。このような国家は内部抗争で破綻するし、国境警備が手薄にならざるを得ないため、他国から武装勢力が容易に侵入することができる。

ここからは、しばしば負の連鎖が始まる。コミュニティー間の抗争が人間の信頼関係を希薄にさせ、殺戮、暗殺、襲撃、強奪、強姦、住居侵入などが繰り返される。そのほとんどは、報復という名の下で正当化される。しかも、回収が困難なため開発投資や企業融資が行われにくく、軍隊や官僚を除くとまともな雇用が提供されない中では、国民のほとんどが経済弱者で、安全弱者となる。とくに、国家のプライオリティーの中で最下位におかれてしまうエスニックな少数者、女性、子供の状況はなおさら深刻であった。このような境遇が住民の一部を自暴自棄に陥れ、殺戮や強奪が報復的正義として横行することで、暴力の連鎖は完結する。*5

集団間抗争を「内戦」「内乱」と呼ぶ慣わしになっているようだが、これは、いったん紛争が終結すれば、国家が統一に復帰するかのような、誤った印象を与えかねないだろう。このような紛争への対処が困難なのは、国境警備、入国管理や治安警察が機能しないせいで兵器や武装兵が外から大量に流れ込むという「越境紛争」だからだ。

ソマリアでは、抗争を演ずるイサック族、ハウイエ族、ダロド族が、いずれもエチオピア、ケニア、ジブチなどに拠点を持ち、スーダンでは、アルジェリア、エジプト、チュニジアよりイスラム過激派の武装集団が集結し、紛争を収拾不可能にしていた。さらに、ボスニア紛争で、クロアチア、セルビアなど隣国が援軍を送り、ムスリム勢力にはトルコ、サウジアラビアなどアラブ諸国の部隊が加わっていたことは記憶に新しい。

そのような観点からみるならば、国家とエスニック集団の枠が大幅に乖離している地域、いうなれば国家の安全保障の空白地帯にとっては、西欧の安全保障概念がプラスに作用することは少なかった。*6 区画の不自然さに帰因するこのような非安全性は、国家の安全保障という属地主義の積み残した問題であり、主権国家体系の外部性とも呼ぶべき問題であろう。ここに、領土内の人間がクローズアップされ、人間の安全保障が提唱される最大の理由がある。

国家を機能させる

この意味で人間の安全保障は、「国家の庇護」のもとにいない人間、「領域という安全」を持つことのできない難民の安全確保を目指す理念であり、それを支える原理は、生身の人間に寄り添った属人主義である。

政府が不法な武力行使を停止させることができず、大規模災害の被災者に充分なケアを供給できない場合、その政府の下で暮らす人々へ安全をもたらそうとすれば、当該国以外の人々ないし国際社会があたるほかない。安全供給の主体として、国連を中心に各国家、ＮＧＯ、市民社会、地域機構、民間企業などが候補に挙がっているが、このように人間の安全保障では、「自助」にかわって安全の供給者と受給者の分離、すなわち「扶助」が原理となる。

「人間の安全保障委員会」が描く具体的な行動目標は、紛争下において、難民として恐怖に苛まれている人々を保護すること、そのために安全地帯や飛行禁止区域を確保すること、生存の危機にある人に食糧、物資、衛生、医療を供給し続けること、そして紛争当事者に人権や人道法を守らせることなどであった。安全の空白を空白でなくするために、引かれた国境の枠組で自助が可能となるような「正当かつ信頼できる政府」の樹立を手助けすること、自ら安全状況を改善できるまで市民の権限や能力を向上させることが、長期目標として掲げられる。

国家の安全保障との関係についていえば、報告書『人間の安全保障の現在』（二〇〇三年）においては、人間の安全確保の最終ステップとして、統治の回復、具体的には法の支配の確立、政治改革への着手、市民社会の強化、情報へのアクセス促進などといった、西洋の「強い国家」を支える要素が強調されていた。この点からみると、人間の安全保障が国家の安全保障と親和的かつ補完的であることもわかる。なぜならば、人間の安全保障は、政府に「弱者の安全保護という仕事をさせること」を目標の一つに掲げているからだ。

いずれにしても、緒方貞子が指摘しているように[*7]、人間の安全保障は国家の安全保障に異議を申し立てるものではなく、むしろ後者の空白の充塡を目的とするものである。つまり人間の安全保障は、当該政府が安全確保の最終責任を負うことを前提に、そのような責任を果たし得る国家政府の樹立を目指している。まがりなりにも境界が安定し、国境に警備が敷かれ、民主的な政府が機能すれば、リスクに対し脆弱な市民もまた、自らの安全について政府に配慮を要請することが可能となる。そのような政府であれば、国家間秩序という意味での国家の安全保障の一翼をよりよく担い得るだろう。

さらにいえば、人間の安全保障の目的を達するために、伝統的安全保障の手法が不可欠である場合も多い。たとえば、コンゴ民主共和国（旧ザイール）の内戦が示したように、紛争国に隣接する諸国家（ウガンダ、ルワンダ、ブルンジ、ザンビア、アンゴラ）より武装介入勢力が流れ込み、内戦は国際紛争の様相を呈する。このような場合には、紛争の収拾と国家の再建のために国境管理、入国管理を強化し、仲介国が中心となって、周辺各国とも監視のための外交的な協議を重ねてゆくことが、解決の鍵となる。

3　対抗概念としての人間の安全保障

国家の外枠がそれなりに安定し、「国家の外部」からの差し迫った脅威がないにもかかわらず、政府の横暴や腐敗などの「国家の内部」の要因によって安全が脅かされる人々もいる。また、政府による国家の安全の過剰な推進が、逆に人間の安全を低下させるという事態も起こり得る。

一般には全体主義や権威主義と呼ばれる体制に、この種の人間の非安全性が見出される。われわれはこれを「国家の安全保障の濫用」と名付けることができよう。

安全保障の逆説

この場合、政府が安全保障のために輸入し、保有する過剰な兵器、兵員は、名目は外敵の侵入防止であっても、実際は国内の不満勢力の抵抗を封ずるために使われる。非民主主義国が安全を強化しようとすると、支配者の安全を護るための予算が膨らみ、社会的弱者の福利、厚生、住宅、医療が後回しにされる。国民生活上の安全についての不作為やネグレクトが一般化する。

さらに、軍事施設の設営が住民の立ち退きや私有地の接収を伴うならば、安全保障という国益のために人間の権利が犠牲に供される。また、強権政府ならば、実際の脅威がなくとも、脅威の「可能性」があるというだけで住民を諜報容疑で取り締まり、住民を潜在敵国との国境付近から強制移住させることもできる。

このような体制においては、政策のプライオリティーが国家の治安（実際は統治者の安泰）と安全保障に置かれ続ける限り、自然災害に無防備な弱者、そして政府や軍に対して法という対抗手段を持たないサイレント・マジョリティの安全が顧みられることはない。たとえ、国外から飢餓者、被災者、国内難民に対する人道援助が行われても、援助物資の多くが、待遇に不満を抱く軍人への配給として消え、安全弱者にまで行き渡ることは稀である。生死の境にいる飢餓者が、「人道援助を引き出すための人質」として使われることさえある。

しかも、そのような国において大量破壊兵器の製造など国家間秩序への脅威が確認されたとしても、国連による「一国家に対する」勧告や経済制裁は、かつてのフセイン体制下イラクのように、結局のところ当該国の安全弱者の境遇を悪化させるばかりであり、状況の改善につながらないことが多い。

いずれにしても、右のような悪条件が重なった時、人間の安全保障を達成しようとすれば、国民の安全に責任を負わせるため政府を牽制または強制するほかない。この場合、国家の中の人間が問題となる以上、内政への干渉を避けて通ることはできないであろう。なぜならば、人道援助には限界があり、国際赤十字のいうような「政治的中立性」も、むしろ権力者の居座りを手助けすることになり、政府が改善努力を怠る口実となる恐れが高いからだ。

人間の安全保障の規範性

この意味における人間の安全保障は、民主化概念にも匹敵するほど規範的である。つまりここでは、人間の安全保障あるいは「良き統治」(good governance)という上位規範によって国家の行動を批判することと、国家による安全保障の濫用に対して矯正を施すことが含意されている。

ここでは人間の安全保障が、主権との親和性を失って、当該国の安全保障主権と対決せざるを得ないような場面も生まれる。たとえば二〇一一年のリビア危機のようなケースで、国連が「武力を含む介入も已む無し」と考えたのは、「人間の安全保障」を目標に掲げている以上、弾圧などの「人為」

が原因で甚だしく人間の安全が脅かされている場合に、国際社会が非介入を貫くことは難しいからである。

実際に、一九九九年の第五四回国連総会における演説で、アナン事務総長が「次世紀の人間の安全保障と介入に関する見通し」についての検討を促し、カナダ政府がそれを受けて「介入と国家主権」という名の国際委員会（ICISS）を設置する。この委員会の役割は、まさしく主権の「規範的な問い直し」であった。リベラルなタカ派ともいわれるM・イグナティエフらも加わったこの委員会が、破綻国家や無責任政府への介入の可否を検討した報告書『保護する責任』において、人間の安全を守る「義務」を、国家主権へのクレイムの条件として位置付け直した点は注目に値する。[*8]

そこには、「国家主権には責任が伴い、国民を保護する第一義的責任は国家自体にある」（基本原則A）と記されている。さらに「国民が内戦、反乱、圧制あるいは国家崩壊の結果、重大な被害を受け、かつ、当該国家がこれを停止あるいは回避する意思も能力も持たない場合、国際的な保護の責任は内政不干渉の原則に優越する」（基本原則B）とも明記されている。

規範性の限界

安全保障上の「主権を停止させる」介入が実施された場合には、強制措置、武力行使、戦犯訴追などで当該政府の正当性を奪い、実際上政府をいったん壊すことになるのであるから、介入終了後の復興、再建についての重い責任が、介入した側に帰せられる。

しかしながら、その責任を充分に自覚した上での介入であっても、必ずしも問題解決にはつながらず、時に不測の事態を引き起こすこともある。介入が逆に現地の人間の安全を悪化させてしまった場合に、誰が責任を取るべきか、いまだに明確になってはいない。何よりも、現政府の悪弊と介入に伴う混乱のどちらが安全にとって「ましな悪」（lesser evil）かを、現地の人々ではなく第三者が判断することは難しい。

ここに介入に伴う様々なリスク、コスト、手段、また介入主体の正当性の問題についての憂慮を巡らすことは容易であろう。また、人間の安全保障に西欧民主主義国のリベラルな思想や介入主義的なバイアスを読み取り、懐疑の眼差しを向ける論者たちもいる。

いずれにしても、人権や人道法の領域にいっそう踏み込む「保護する責任」とは異なって、人間の安全保障を強制措置に直接リンクするものと解釈し、介入を正当化するためにそれを用いることは得策とは言えない。なぜならば、政府への圧力や介入の問題に捕われれば、「人間の安全保障」は「国家の安全保障」の根幹部分である主権との対決を迫られ、緊急支援、行動目標、組織シンボルとしての柔軟性を失うからである。

実際に、「保護する責任」の場合は、介入の効果や影響が余りに甚大であるがゆえに、大量虐殺、戦争犯罪、民族浄化、人道に反する罪など、悪意ないし故意を伴う人的損失の場合のみに適用が限定されている。[*9] そのため現段階では、二〇〇八年にサイクロン〈ナルギス〉に見舞われたミャンマーのような人道危機（ミャンマー政府は当初、国外の救援団体の入国を拒否した）に「保護する責任」を適用するのは難しい。

しかるに、人間の安全保障は、このような事態においても、人道危機を回避すべく、被介入国に「主権の喪失という不安」を抱かせることなく緊急行動を採り、それを正当化するために用いることができよう。

4　統合概念としての人間の安全保障

人間の安全保障の第三の意味内容として、国連開発計画（UNDP）による定義「個々人が福利の向上を目指すことのできる安全な環境」がある。およそ一二億の最貧困層にも人間の尊厳に適った最低限の安全を確保せしめるという意味でのこの人間の安全保障は、国家の安全保障とどう関わるのであろうか。

積極的平和と人間の安全

リベラルやコンストラクティヴィストの問題認識において、あらゆる紛争、より正確にいえば武力行使の動機には、欠乏による自暴自棄、抑圧に対する復讐、教育による煽動、人種優越の思想、人権軽視の文化などが介在している。

言い方を換えると、これらの暴力の連鎖を生む構造を根本的に取り除かなければ、平和活動として停戦監視、平和維持、紛争予防などを行っても、効果は限られている。J・ガルトゥングが積極的平和の樹立のための、「構造的な暴力」や「暴力を助長する文化」の除去を訴えたゆえんである。[*10]

国家の安全保障が「ひとたび戦争が起これば、経済、社会、文化、生活のすべてが破壊される。国家間の戦争を防ぐことが先決だ」と考えるとすれば、人間の安全保障は、貧困に喘ぐ人々が「ささいな獲物のために争うであろう。このことが紛争や戦争を起こりやすくする」と推論し、[*11]このような火種を長期的に取り除いてゆくことを考える。

実際に、アフガニスタン、スーダン、エチオピア、ソマリアなど、多くの国々が困窮と紛争を同時に経験し、両者はそれぞれ原因ともなり結果ともなっていた。しかもそれらの国々では、欠乏に起因する紛争が、そこに宗教、民族などのアイデンティティが口実として動員されることで、いっそう収拾不可能となっている。

欠乏の不安と紛争の危険は表裏であるという観点に立つならば、国家の安全保障は、それ自体を目標とすべき変数ではなくなるであろう。つまり国家の安全は、「欠乏からの自由」(freedom from want)、「恐怖からの自由」(freedom from fear)、「尊厳のもとで生きる自由」(freedom to live in dignity)が達成されるならば、また「環境劣化による生活圏の奪い合い」という危険が遠のくならば、「自ずと」達成されるような従属変数にかわる。

包括的な戦略として

この第三の意味での人間の安全保障は、「人間らしく生きるための選択の範囲の拡大」をスローガンとして、経済的資源の確保、経済的フローの維持、獲得した資産の保護、経済的危機の回避、平等な所得配分、弱者への社会的保護などを活動目標に設定している。それはまた、人権尊重の教育、共同体間の信頼醸成などを導き、さらに長期的にインフラの整備、雇用の創出、所有権の保証を目指すという意味で、国連開発計画の「人間の開発」、そして「人権」の概念へも接近してゆく。

もっとも、人間の安全保障には、人間の開発へ還元できない要素も多く含まれている。開発が第一義的に公平な配分による持続的成長を模索するのに対し、安全保障は急激な市場化や突然の景気下降に伴うリスクや犠牲を減らすことをも重点目標に据えるからである。このような目標設定は、一九九七年の「アジア通貨危機」が、開発の軌道に乗り始めたかにみえた地域を見舞い、とくに経済弱者が生活の安定を奪われたという教訓に基づいている。

また、人間の安全保障は、人権ほど強制的な規範でもない。なぜならば、権利は他者に対して相応の義務を求めるが、人間の安全保障は義務の主体を限定せず、「扶助できる余裕のある者があたるべき」という原則があるためだ。

国連を中心とした国際社会は、開発国の人々の安全や福利の向上に実績を上げてきた。しかしこれまでは、様々な主体が開発、環境、救援、衛生、人権など複数の目標に向かって組織され、しかもそれらの目標は国家の安全保障とは区別され、冷戦期にそれより低いプライオリティーしか与えられなかった。そこで人間の安全保障は、伝統的安全保障の意義を認めた上で、国家の安全まで含めた主要課題を結びつけるという、包括的な戦略目標としての役割を期待されている。

いずれにしても、「統合」という本来の目的を考えるならば、人間の安全保障の行動目標を設定する際に、西洋文明のバイアスの掛かりやすい人権のような本質的思考を避け、また類似のどの概念とも衝突を生まないように配慮がなされるべきであろう。人間の安全保障委員会の方針や提言には、そのような慎重さが機能していたのをみてとることができる。広く基金を募り、手段を結集し、常時、現場の人道危機に即応できる態勢を作るには、原理よりも緩やかな「行動目標」の方が有効だからである。

おわりに

人間の安全保障は、由来からして実践的な行動目標であり、学問的な厳密さや定義の正確さを指向するものではなかった。グローバル・ガバナンスと同じように、是非よりもhowが問題となるような領域であった。しかし、それがゆえに、人間の安全保障概念に曖昧さがつきまとっていた点も否めないだろう。そのことが、国家の安全保障と人間の安全保障の関係について、補完、対抗、統合など複数の解釈が呈示される要因となっていた。

これまでの考察に基づいてわれわれは、両者の関係を次のように言い表すことができる。すなわち、強権国家やテロに対するアプローチなど、両者の違いがきわだつ領域もあるが、人間の安全保障を推進する側が主権との概念的衝突を好まないこともあって、人間の安全保障と国家の安全保障は、「人間本位主義」対「国家中心主義」といえるほど対立してはいない。

国家の安全保障のパラダイムの根本的修正が課題であるとしても、その課題に応えるには、人間の安全保障のみでは不十分であり、主権国家システム、内政不干渉原則、自決など国家の安全保障を取り巻く概念セットの組み替えを導くような理論的枠組を、別に準備する必要があろう。

集合的存在としての人間をどう組み込むか

いずれにしても、ポスト冷戦期の脅威の性格の変容、他者の安全へのコンパッションの増大という二つの変化を所与とした場合に、グローバル化と脱領域性という今日の状況に応じた新たな安全概念を生み出すには、国家の安全保障はもちろん、人間の安全保障が付け加わったとしてもなお十分とはいえない。

安全保障の理論的課題としてわれわれは、むしろ伝統的安全保障と非伝統的安全保障の中間概念という形で、自助を集約しやすく、連帯心を生みやすい「コミュニティーの安全保障」、政府のみには頼らない「シヴィックな安全保障」、文化の個別性や複雑性を考慮に入れた「ローカルな安全保障」などを開拓すべきと思われる。

国家の安全保障は、努力を集中しやすい属地主義の安全保障として、人類にとって「唯一の」とはいえなくとも「最も効率的な」安全体系に接近した。しかし、集団安全保障として世界大の拡がりを得たものの、その区画を国家のみに定めたことによって、死角と空白を生み出してしまった。

逆に、人間の安全保障は、属人主義によって属地主義の安全保障を補完するものではあるが、人間の（human）という名前を冠することで、たとえばエスニック集団、民族など「集合的存在としての人間」との関連が曖昧になってしまった。安全が自助ないし集団内の相互扶助を基本とすべきものであれば、（開放的な）空間に暮らし「われわれ」というアイデンティティを共有する集団が安全確保の担い手になるべきだと考えるのが、自然ではあるまいか。

注

＊1 「介入か援助か」、E・ウィーゼル、川田順造編『介入？ 人間の権利と国家の論理』藤原書店、一九九七年、一三七頁。

＊2 国家の安全保障との関わりで人間の安全保障を論じたものとして、以下の文献がある。栗栖薫子「人間の安全保障――主権国家システムの変容とガバナンス」赤根谷達雄・落合浩太郎編『新しい安全保障論の視座』亜紀書房、二〇〇一年。青井千由紀「人間の安全保障――現実主義の視点から」『国際安全保障』第三〇巻第三号、二〇〇二年一二月。Pauline Kerr, "Human Security", Alan Collins (ed.), *Contemporary Security Studies* (Oxford: Oxford University Press, 2007), pp. 100ff; Shahrbanou Tadjbakhsh and Anuradha M. Chenoy, *Human Security: Concepts and Implication* (New York: Routledge, 2007), esp. pp. 9–38; Monica den Boer and Jaap de Wilde, "Top-Down and Bottom-Up Approaches to Human Security", Boer and Wilde (eds), *The Viability of Human Security* (Amsterdam: Amsterdam University Press, 2008), pp. 9–18.

＊3　たとえば「島国のA国は、外敵の侵入を防ぎやすく、また治安も良く安全だ」という言説において、安全というのはA国という領域の属性である。たまたまA国に非A国人、外国人旅行者がいたとして、かれらもまたA国の安全の恩恵に浴することができる。しかし、A国人が国外に出れば安全でなくなるとすれば、これは、国家の安全が属地性の概念であり、属人性の概念ではないことを物語っている。

＊4　Graduate Institute of International Studies, *Small Arms Survey*, 2002, http://heiwww.unige.ch/sas/Yearbook2002/ を参照せよ。

＊5　破綻国家、腐敗国家と安全の空白との関係については、Robert I. Rotberg, The Failure and Collapse of Nation-Sates: Breakdown, Prevention, and Repair, Rotberg（ed.）, *When States Fail: Causes and Consequences*（Princeton and Oxford: Princeton University Press, 2004）, pp. 1–45 が詳しい。

＊6　これを、一国家の弱体化や破綻の問題としてではなく、アフリカ大陸における西欧型国家システムの適用不可能性の問題と捉える見方としては、D. Rothchild and J. W. Harbeson, "The African State and State System in Flux", Rothchild and Harbeson（eds）, *Africa in World Politics*（Boulder: Westview, 1999）, pp. 3–20 を参照せよ。

＊7　「人間の安全保障は、国家の安全保障を補強するものであって、その代わりを務めるものではない」。Commission on Human Security, *Human Secrutity Now*（New York, 2003）, p. 5.

＊8　報告書の詳細については、http://iciss-ciise.gc.ca/report2-en.asp で公開されている。

＊9　*2005 World Summit Outcome*, paragraph 139. 同文書は、以下で公開されている。http://responsibilitytoprotect.org/world%20summit

＊10　J. Galtung, "Violence, Peace, and Peace Research", *Journal of Peace Research*, Vol. 6（1969）; "Cultural Violence", *Journal of Peace Research*, Vol. 27, No. 3（1990）など参照。コンストラクティヴィストに近い立場から人間の安全保障を論じたものとして、S. Lonerrgan, K. Gustavson, and B. Carter, The Index of Human Insecurity, AVISO Bulletin Issue No. 6（2000）, http://www.gechs.org/aviso/AvisoEnglish/six.shtml; David Chandler, "Rethinking Global Discourses of Security", Chandler and Nik Hynek（ed.）, *Critical Perspectives on Human Security: Rethinking Emanci-*

pation and Power in International Relations (New York: Routledge, 2011), pp. 114–28 がある。

*11 Amartya Sen, Global Inequality and Persistent Conflicts, paper presented at the Nobel Awards Conference, Oslo, 2002, in Commission on Human Security, op. cit., p. 132.

第 II 部

先進国ナショナリズムの隘路

第五章　ナショナル・プライドの誕生

イングランドと大陸からの自立

はじめに

『ナショナリズム――モダニティーへの五つの途』(*Nationalism: Five Roads to Modernity*, 1992) で、イングランド、フランス、ロシア、ドイツ、アメリカ合衆国の国民意識を比較したグリーンフェルド(Liah Greenfeld) によれば、近代におけるシヴィック (civic) なネイション (nation) は一六世紀イングランドで産声を上げた。[*1]

イングランドを「国民国家」の雛形とみるかれは、そこから成長した個人主義的な装いを持つネイション、またエリートのゆるやかな集合意識であるネイションを、フランス革命以降に大陸へ浸透する「集団主義的ナシオン（nation, 仏）」に対置している。グリーンフェルドはさらに、多民族国家アメリカ合衆国を、開放性を特徴とするイングランド・ネイションの正統な継承者と位置付けていた。

このように、ネイションの発生をイングランドにみて、なお権威に懐疑的（リベラル）なイングランドあるいはアングロ・サクソンの「下からの」ナショナリズムと、大陸の国家統合手段としてのナショナリズムを対比する研究者は多い。たとえばLSE社会学教授でナショナリズムの専門家スミス（Anthony D. Smith）も、イングランド・ナショナリズムの特質を、ともに民族の栄光を追求するという要素を持たない点に求め、イデオロギーやドクトリンとは無縁な感情であるとみなした。[*2] 漠然とした「安全や繁栄への希求」を意味するナショナリズムは、クロムウェル、ミルトン、バーク、ブレイクなどの扇動にもかかわらず、柔軟な形態のままであり続けた。その意味でイングランドの国民意識は、ヘルダー、フィヒテが先導した大陸、とくに中欧各国のナショナリズム運動とは別ものとされる。

大陸との比較

イングランドの国民意識がヨーロッパ他国に比べて「独特」である点に異論はないとしても、もはやわれわれは、その独自性の由来をアングロ・サクソン系学者のごとく開放性に求めることに賛同できないであろう。なぜならば、ひとたび大陸の視点からみると、「島国根性」といわれるブリテン島の閉塞性や非協調性がヨーロッパ史を彩っているからだ。

「権利章典」が保障したのはイギリス人の権利とイギリス議会の主権であり、それはフランスの「人権宣言」のような普遍的パースペクティヴで語られることがなかった。しかも、大陸と同類ではないという「ユニークネス」意識、宗教に根を持ちダーウィンの思想によって鼓舞された「選民」主義、拡張時代に語られた「文明国民」観は、島国特有の排他性を暴露している。

むしろわれわれは、イングランド国民意識の独自性として、その自然発生的な成長、つまりシートン゠ワトソン（H. Seton-Watson）のいう「継ぎ目のない」（continuous）性格に注目すべきであり、[*3]その自生的な由来がイングランドのネイションに開放性を付加したと解釈する方が、より自然であるように思われる。

すなわちイングランドの国民意識の形成は、行政機構の中央集権化が一時期に行われたスペインや大革命という高揚期を持つフランス、一九世紀後半に他国と競いながら国家と国民の形成を同時に進めたイタリア、ドイツ、中・東欧諸国、日本、また国民そのものが移住によって成り立っているアメリカ、メキシコ、オーストラリアにおけるネイション形成ほど意識的なものではなかった。対照的に、イングランドのネイションは、法王への反感、プロテスタント的な一体感、戦争のための結束、経済的利害の共有、他国（一八世紀フランス、一九世紀ロシア）に対する競争心、などが徐々に堆積した結果であった。

本章では、人類史上もっとも早くネイションを形成し、シヴィックかつユニークなナショナリズムを樹立したといわれるイングランドを主題にして、とくにそのナショナル・ディスコースの系譜を一六世紀から名誉革命まで探り、併せて対外認識がネイションやナショナリズムの形成に果たした両義的な役割を明らかにしたい。

1 誕生時期の設定

イングランドの国民意識の生成を辿る作業は、ヨーロッパ他国のそれを探る作業に比べて難しい。なぜならば、右で述べた連続性によって、国民意識形成の決定的な要因を抽出することができないからである。研究者の間に国民意識の誕生日時についてのコンセンサスが存在しないことは、近年現れた優れた研究が、意識の台頭をそれぞれ隔たった時期に設定しており、この主題についての論争が止まないことからも裏付けられる。

早くは、チョーサー風英語の優勢、印刷文化の発展、王令の文書による配布、ランカスター家最初のイングランド国王ヘンリー四世による英語の演説などに注目し、一四世紀までに意識の素型あるいはプレ・ナショナルな意識がみられたとする解釈がある。[*4] この期には、アングロ・サクソン、デイニッシュ、ノルマン三者の人種的混交、ことにノルマン征服者とサクソン族上層部との混合が促進され、またイングリッシュ・カトリック組織の確立、モンマスのジェフリー（Geoffrey of Monmouth）のブリテン系統神話の定着など、国民意識の萌芽ともいうべきものがみられたからである。

一般的な理解に従うならば、イングリッシュネスの意識は、「ブリテン神話」が古代の自由を称える「サクソン神話」に席を譲った一六世紀末から一七世紀中頃にかけて発酵する。[*5] テューダー朝ヘンリー八世による法王至上主義や聖職者主義との訣別、「大陸との離縁」が、国民意識の苗床を準備した。

しかし他方で、一六世紀にはまだ中世的な慣習の名残がみられたことから、イングランドの特徴である「シヴィック」なナショナリズムを、むしろ後の共和主義の経験や、国民が「国王を自ら選んだ」という自覚に基づくものとみる研究者もいる。このような学説に従うならば、レヴァック（Brian Levack）のごとく、統一国民意識の発展時期を一七世紀に設定しなければなるまい。[*6]

用語の系譜

国民意識の起源、台頭、変容の論争を整理するにあたって、語彙の変遷の分析が手掛りとなり得るであろう。たとえばイングランドにおいては、country, commonwealth, empire などの表象が一五〇〇年から一六五〇年の間に近代的な意味を獲得し、日常語に取り入れられた。realm の使用頻度が後退するとともに、四者がほぼ同義語として、国民と領土が一体となったイングランド地域を示すために用いられる。

グリーンフェルドはとくに、カントリー（country）がネイションと同一の意味を担ったという事実に研究者の注意を向け、カントリーとコート（court）の対立が、のちに国王と国民の概念的な分化を生み、ネイションに「国王に先立つ主権者」の意味が付与されるきっかけを作った点を強調している。[*7]

さらにいえば、イングランドで国家（state）という用語が不人気であったという事実も、国民意識の背景を語るさいに重要かもしれない。一五三八年にスターキー（Thomas Starkey）がイタリアのstatoの用法に習いstateを用いてはみたが、むしろイギリスの政治思想の中ではcommonwealthやcommonwealが好んで使用された。*8 のちにstateを多用したブラックストーンやバークも、それをフランスのÉtatのごとく行政府を直接指して用いることはなかった。いずれにしても、王政復古による中断はあるものの、一六四〇年ごろから、realmに代って、stateではなくnationがイングランドの代名詞の役割を果たすようになる。その限りにおいて、王権を介さない、シヴィックな感覚を表すネイション概念は、一七世紀に開花したと結論付けてよいだろう。

ブリティッシュという複合アイデンティティ

しかし、ここでなお留意すべきは、ネイション概念についてのこの説明が国民国家イングランドに妥当するのであって、グレート・ブリテンに妥当するわけではないという事情である。イングリッシュはネイションであるが、ブリテン島が固有の意味での単一ネイションを生むことはなかった。くわえて、イギリスのアイデンティティをイングランド内の出来事のみに注目して論ずる研究は、近年の学問成果を考慮に入れると説得性を持ち得ないだろう。テューダー朝時代に国家の骨格が整えられ、イングランド意識が発酵を始めたとしても、大ブリテン島の集合意識の誕生は一八世紀を待たねばならなかったからだ。

なるほど、一七〇七年以来、スコッツ、ウェルシュ、ノーザーン・アイリッシュの統合のためにエリートたちが考案した「反カトリック、立憲政体、自由貿易」を象徴するブリティッシュネス（Britishness）は、帝国主義的な拡張期にはイングリッシュネスと互換的に用いられている。[*9] しかし、われわれがイギリス人の特性として掲げるプロテスタント的気質、ジョンブル（John Bull）、紅茶、庭いじり、田舎好きなどは、イングリッシュネスではあってもブリティッシュネスではありえない。

国家史よりも国民史を重視するという近年の傾向を受けて、また、複数の国民意識の相互規定性に着目することの重要性に目覚めて、最近の研究では、グレート・ブリテンの集合意識の由来を辿り、イングランド国民の形成をその前段として論ずる傾向が強くなったように思われる。たとえば、この分野の研究でもっとも反響を呼んだリンダ・コリー（Linda Colley）の『ブリトンズ』（*Britons: Forging the Nation 1707–1837*）は、プロテスタントのブリテン島民が他者（とくにカトリック・フランス）と相対することによって国民意識を形成した経緯を詳細に描き、新しい視座を切り開こうとした。[*10]

他方で、一七八三年から一八七〇年まで、すなわち産業革命以降の国民意識の形成を跡付けたエヴァンス（Eric J. Evans）は、フランス革命が誘発した急進主義への反動として祖国愛が生まれた点に注意を向ける。[*11] このようにブリテン島の集合意識を辿る場合には、われわれが第六章で試みるように、その研究対象を一八世紀や一九世紀にまで、そして対外関係や対外認識にまで拡げる必要があるだろう。

2　大陸との訣別――テューダー朝による「信仰の国民化」

かりに、中世カトリック共同体の崩壊や法王至上権への抵抗、あるいは宗教属地主義（Cujus region, ejus religio）の台頭を近代国民誕生のメルクマールとするならば、イングランドにおける一六世紀の宗教改革は、疑いもなく国民意識誕生の契機とみなされる。一七世紀の二つの革命以上に重みを持つとクルゼ（François Crouzet）が指摘する一六世紀の変革は、イングランドに大陸とは違う「島国」という色彩を加えた[*12]。逆にいえば、一六世紀に至るまで、イギリスは島国に成り切ってはいなかった。

ブローデル（Fernand Braudel）によれば、英仏海峡、北海という境界の存在にもかかわらず、イングランドは「フランス、オランダ、ヨーロッパと物質的に繋がっていた[*13]」。利害面でのフランスとの係わりや軍隊の頻繁な往来、何よりもイングランド・カトリシズムの従順な姿勢が独立を阻んでいた。その結果、国民意識の形成という点で、イングランドはフランスやスペインの後塵を拝する。

しかし「一四五三年から一五五八年の間、つまり百年戦争の終結とカレーの喪失の間に」イングランドは島になる。フランス内の領土の清算は、多額の軍備費を抱える必要性を減少させ、国内統治へ専念するきっかけをもたらした。このような中で、いよいよ大陸との宗教的な訣別プロセスが始まり、国民意識が輪郭を表わす。

イングランド教会とナショナリズム

イングランドの宗教エリートには、ウィクリフ派、ロラード派の伝統があり、さらに公会議運動や反法王主義に対する共鳴がみられ、それらが一五二〇年よりケンブリッジへ流入したプロテスタンティズムを伝播させる下地を作った。議会の合法的権威を借りてカトリックの権威を粉砕し、国王至上法（Supremacy）を制定し、Anglica ecclesia を樹立したヘンリー八世の宗教改革を、このような背景が後押ししたのである。*14

この時期に、Anglica ecclesia は「イングランドの教会」という領土性を示すに止まり、教義的な意味を持つに至ってはいない。なおかつ、アングリカニズムの用語も、まだ現れてはいなかった（その語の出現は一六六〇年以降とされる）。*15 したがってイングランドの宗教改革は、大陸のそれとは異なり、「一国カトリックの試み」と解するのが自然であろう。むしろヘンリー八世はカトリック教徒（法王抜きのカトリックが成立し得るとして）たらんとしたのであり、かれが七つの秘跡のうち三つを存続させたのも当然といわねばならない。

宗教的にみても、この時代の「人民」はいまだに能動的ではなく、カトリックとの訣別がただちにプロテスタンティゼイションを準備したわけでもなかった。ナショナル・カトリシズムともいうべきヘンリー八世から、反カトリックかつ非カルヴィニズムのエリザベス国教会を経由し、国民プロテスタント的なネイションに至るまでには、なお三世紀を要するのである。

もっとも、このことが宗教改革の国民意識形成に及ぼした影響の重要性を減ずるわけではない。イングランドの宗教改革は、それがカトリック（普遍）にはない信仰者の「地域的差別化」を促し、ナショナリズムに精神的拠点を与えたという理由で、ドイツ・ナショナリズムを覚醒させたルターの改革運動に並ぶ。

一五五九年、後のロンドン司教エールマー（John Aylmer）が、「神はイギリス人である」と断言し、イタリア人でも、フランス人でも、ドイツ人でもなく、同じイングランド人として生まれたことを感謝すべきだと説いていた。[*16] その昔、ヘンリー八世による教会独立に抵抗し一五三五年に処刑されたT・モアにとって、クリスチャンであることは必然だが、イングランド人である必要はなかったとするならば、それから四半世紀の間に、真のキリスト教徒は必然としてイングランド人でなければならないほどエリートの宗教意識が変貌を遂げたことになる。

宗教改革の影響

カノン法は国王の統制の下に置かれ、聖職者も「臣民」（subject）に変わった。法王主義のこのような否認は、世俗権威と宗教権威の同一化を促し、イングランドの世俗的自立への一歩を画したといえる。国外からの遠隔操作の対象となる惧れがあり、国民統合への撹乱材料となり得る僧院は解散され、その財産はいったん「国有化され」、のちに売却された。

僧院財産の払い下げによる流動的土地市場の形成とジェントリの台頭との関連がしばしば指摘されるが、事実、土地取得の機会は中産階級に愛国心の最大の要素である「土地に対する執着」を植え付けた。大陸が経験しなかったこの要因によって、改革の影響は宗教のみならず社会全体に及ぶ。

さらに宗教との関連で見逃すことのできないのは、聖書の通俗語化の進展であろう。すでにティンダル（William Tyndale）が、一五二〇年代にケルンで新約聖書すべてと旧約聖書の一部の通俗語化を手掛けていたが、イギリスに潜行したそのコピーは、ヨーロッパの地下版聖書ではもっとも流通した部類の一つだといわれる。多くの人々が、ティンダルの名を口にしていたことは怪しむに足りない。[*17] 一六一一年のジェームズ一世による「欽定訳聖書」の流布以前、ルターの通俗語訳から一〇年と遅れずに英語訳が試みられていたことは注目に値する。

国民が聖書に親しむことによって、全国的レベルでの共通語の読み書きが促進された。『一般祈祷書』（Book of Common Prayers）と『殉教史』（Foxe's Book of Martyrs）は、庶民の入手できるほぼ唯一の書であったため、共通の話題に上り国民意識の求心力となった。のみならず、祈祷書の流通は、副次的な効果としてケルト文化にも影響を与え、イングランド文化の周辺への浸透に手を貸している。聖書の流布は、スコットランドがカトリック・フランスから離反し、インクランドへ接近するきっかけの一つを提供した。

国民的な文化革命へ

聖書の通俗語化作業と並び進められた英語の文法整理の試みも、国民意識形成の重要なモーメントとなった。[*18]

セントポール学校長マルカスター（Richard Mulcaster）は、『エレメンタリーズ』（Elementaries）で、英語文法がラテン語文法に匹敵すると指摘し、ジョン・コレット（John Colet）やウィリアム・リリー（William Lilye）らは、ラテン語文法書の中で、英語の格、小辞、活用の優秀さはラテン語に並ぶと述べたのである。かれらの著した『話法の八つの部分についての入門書』（An Introduction of the Eight Parts of Speech）は、一五四〇年にヘンリー八世によって公認され、一八世紀末に至るまで文法家の手本として用いられた。

通俗語が、ラテン語を凌駕する権威を持つようになって、一六〇三年以降戴冠式は英語で執り行われる。エリザベス朝期の国民派著述家の活躍も、このような王宮やエリートの英語熱という順風を背にしていた。歴史家ホール（Edward Hall）、詩人スペンサー（Edmund Spenser）、シェイクスピア、『ブリタニア』（Britannia）を書いたカムデン、『イングランド素描』を著したハリソン（William Harrison）、フッカーなどが醸し出した人文主義的風土は、「英語の王国」と呼ぶに相応しいものを形成しつつあった。かさねて、ベイル（John Bale）の『ジョン王』、ヘイウッド（Thomas Heywood）の『エドワード四世』といった王党派的な書物は、愛国心の中心に国王を据え、言葉によって国民的一体感を強化した。[*19]

3　王権とネイション——国王と議会の訣別

こうしてイングランドは、二つの革命以前に、ヨーロッパでもっとも統一されたステイトとしての輪郭を整えることができた。

けれども、テューダー朝時代に遅れを取り戻し、統一を成し遂げたイングランドが注目に値するのは、レヴァックも指摘するように、この国にまともな「常備軍」や「官吏」がおらず、行政事務が「治安判事」などの奉仕者に委ねられていた点であろう。[*20] 言い換えると、絶対王政開始点というテューダー朝のイメージとは裏腹に、ネイションに先立つステイト形成の段階で、「王権」に頼る度合が大陸とは比較にならないほど低かった。

大陸では行政組織が担う支配階層の利益集約という役割を代わりに務めたのが議会であり、国民意識の生育場は王宮よりむしろ議会であった。それに匹敵する代表機関や行政機構が地方に育たなかったことも、議会がその役割を果たすのを容易にしている。このようにして議会は、代表を通じて「様々な州や自治都市を一つの国民に結びつけた」[*21]。しかもイングランドの議会は、フランスの全国三部会、スペインのコルテス（Cortes）と違って、チャールズ一世が召集の規則性を損なうまで、権限の低下を経験することがなかった。

議会階級の形成

イングランドのネイション形成を論ずる場合に、議会のみでなく宗教にも眼を向けておく必要があるだろう。「国王に対抗する」という意味でのイングリッシュネスの感情は、カトリックへの復帰を企てたメアリー（Mary I）に対する抵抗のさいにもっとも重要な発現の機会を得ていたからである。

国外に避難したプロテスタント戦士はこのとき、ナポリ、ミラノ、オランダを隷属化させたスペイン帝国主義の撃退、「イングランドの自由」の回復を呼びかけた。[*22] ここでプロテスタントは、イングランド祖国愛の第一の担い手になっている。この宗教運動は、ほかならぬステュアート朝への抵抗の原体験とみなされる。

ポコック（J. G. A. Pocock）もまた、国民意識が、国王への崇拝や Constitution への信頼に加え、民衆の宗教的な覚醒によって形成される点を指摘している。[*23] その意味からいうと、イングランドの国民意識が誕生する真の契機となったのは、一六四〇年代の内乱とコモンウェルス誕生に伴う宗教意識の高揚である。

この期に、ピューリタンの黙示思想的な世界観と「選民」という意識が、シヴィックなナショナリズムの母体を形成し得るまでに成長を遂げる。[*24] コリーもいうように、鉄道、大衆教育、新聞網、民主主義の影響が及ぶはるか以前に、宗教がまず農民を愛国者に仕立てていたのである。[*25]

大学教育を終えた者の数が次第に「旧エリート」の数を上回り、聖職者の権威の低下に拍車が掛かった。宗教は上層部ではなく民衆のものとなり、教会は庶民の人間形成に果たす役割を奪われつつあった。対照的に、財産を蓄えた地方上層地主が、「議会階級」（フランスのフロンドにはこれが不足していた）として、ゆるやかな集合意識を形成していく。

ここに、宮廷費の負担を強要し、宗教ヒエラルキーを強制するステュアート朝に抵抗して、ピューリタンとジェントリ・議会階級が同盟する機運が訪れる。コートとカントリーの争いは、いまやクラウンと国民、政治とシヴィル（civil）の綱引きに発展しつつあった。しかも、国民意識が共和派に担われるにつれて世俗的なものに変わっていった点は、「世俗宗教」ともいうべきナショナリズムの発生にとって決定的に重要であろう。

言い方を換えると、宗教がネイション形成に重要な役割を果したにもかかわらず、イングランドにカルヴァン的神権政治が育つことはなく、イングランドがコンフェッショナル・ステイトへの道を歩むこともなかった。

ネイションの確立

一六四九年までには、ピューリタンのカルヴィニスト的悲観主義とは異なる世俗的な自由観、つまり武器を携え、傭兵には頼らない能動的な市民像が政治の前面に現れる。このハリントン流のシヴィズムが、国民意識の基層を形成しつつあった。*26

そのような状況の下で、「王権抜きの」ネイションを射程に収めたのは、国王の処刑で勢いを得た共和派である。かれらにとって、それまで「国王への忠誠」と不可分であったネイションは、国王を求心力とするものから、政治参加への意欲や「イングランド政体への忠誠」へと変わってゆく。

イングランド全土の眼をロンドンの出来事の推移に引きつけたピューリタン革命の最中に、その世俗化に呼応する形での、nation の語法の決定的な変化を認めることができる。「チャールズ一世裁判のための高等法院設置法」(Act Erecting a High Court of Justice for the Trial of Charles I) は、君主の所業を「古来の基本法やネイションの自由を完全に覆そうという不正な企み」と弾じて、また、「イングリッシュ・ネイションの隷属化と破壊」の目論見を予防するため、国王を法廷に引きずり出すよう要望する。[*27] この「イングランドの自由」のなかで、王権とネイションの外延はもはや同一ではない。

ピューリタン革命以後、議会が制定する法律、パンフレットの類は、ナショナリティと宗教の分離を試みる。ネイションは、宗教による神聖化あるいは君主による正当化を伴わなくなった。ここにおいて国民意識の内実は、シヴィズムつまり政治への参加意識へ変わったと言い得るであろう。

王政復古にさいして nation の表だった使用こそ控えられたものの、王権と国民の和解がなった名誉革命で、この語法は復活を果たすのである。

おわりに

国民アイデンティティが、分裂をバネに強化されることは多い。

イギリスにおいては、バラ戦争の体験がテューダー朝における国民的一体感に繋がったことが、その例証となった。バラ戦争とは比較にならない規模で全層を巻き込んだ一七世紀の混乱の記憶もまた、ホッブズの思想が体現しているように、内乱、分裂への嫌悪と、秩序を真剣に希求する態度をもたらした。その揺り返しとして、エリートと王権の妥協がなった「名誉革命」ののちに、国民的一体感がかつてないほど横溢する。

そのような感覚の拠り所となったのは、名誉革命（革命時の議会は国王が召集したものでない）で国民が国王を選んだという自信であり、フランスをはじめとする大陸の絶対王政とは異なり「王権を制限している」という自覚であり、私有財産権を確立した誇りである。それは、ユニークネス（uniqueness）意識とも呼ぶべきものであろう。

大陸とくにフランス、ドイツの啓蒙思想家がイングランド国制の優秀さを説き始めたことは、ただちにイングランド人のプライドとなって跳ね返った。

ナショナル・プライドとしての立憲君主制

名誉革命ののち、イングリッシュネスでまず連想されたのは、立憲王政により特徴付けられる国制（Constitution）だ。「ウィッグ神話」は、イングランド政治が大陸よりはるか先を走っているという意識の伝播に貢献する。イギリス人の発明であるコモンローをフランス君主制と対照したブラックストーン（William Blackstone）の体制賛美を、一八世紀後半の知識階級は共有していた。さらに教養上の差異を越えての人間接触を可能にする「寛容」も、イングランド人の誇りとなった。

いうまでもなく、そこにおける国王は、自由な国制の守護者に止まるべきとされ、とくに優れた人格や力量は期待されていない。ネイションの中心にいま一度座ろうとした積極派君主ジョージ三世が極端に不人気に終わったのも、国民意識にこのような変化が生まれていたからに違いない。作家ゴールドスミス（Oliver Goldsmith）の次の一節ほど、そのような時代の雰囲気を映し出すものはないだろう。

もっとも幸福な国ブリテン万歳！　風土、肥沃さ、位置、通商において幸福な。いやその法や政府の独自性においてはもっと幸福な。ヨーロッパ各国を考察してみれば、君主制の下で危うい自由を享受する国民か、よりひどい、共和国の下で自ら考案した法の奴隷になっているような国民のいずれかしかないことがわかる。[*28]

ナショナル・プライドのお蔭で、ブリテン人の中に、母国を「ヨーロッパの外部」に位置付けるものまで出てきた。ハリファックス（Marquis of Halifax）や作家スウィフト（Jonathan Swift）、そしてヒュームは、大陸の勢力均衡システム全体を見据えて、「ヨーロッパに覇権国が生まれることの防止」こそがイングランドの利益だとみなし、イングランドの役柄をバランサーに見出した。[*29]

このようにして、イングランド人の自立への願望、ないし「大陸との差異化」が、王権とも距離を置く国民意識、そしてナショナル・プライドをイングランドに定着させたのである。

注

＊1　Liah Greenfeld, *Nationalism: Five Roads to Modernity* (Cambridge, Mass.: Harvard University Press, 1992), pp. 14

–17. ここで「シヴィック」は、「エスニック意識にではなく、公民意識に根差す」という意味で用いられている。 Ibid, p. 11.

＊2　Anthony D. Smith, *National Identity*（London: Penguin Books Ltd, 1991）, pp. 72–79.

＊3　Hugh Seton-Watson, *Nations and States: An Enquiry into the Origins of Nations and the Politics of Nationalism*（London: Longman, 1977）, pp. 1–9.

＊4　Hagen Schulze, *État et Nation dans l'Histoire de l'Europe*, trad. de l'Allemand par D.-A. Canal（Paris: Seuil, 1996）, p. 138.

＊5　Anthony D. Smith, "The Origin of Nations", *Ethics and Racial Studies*, 12/13（1989）, pp. 349–51.

＊6　Cf. Brian P. Levack, *The Formation of the British State: England, Scotland and the Union: 1603–1707*（Oxford: Clarendon Press, 1987）.

＊7　Liah Greenfeld, op. cit., pp. 31–35.

＊8　Bernard Cottret, *Histoire d'Anglettere: XVIe-XVIIIe siècle*（Paris: Press Universitaire de France, 1996）, p. 253.

＊9　Cf. David Miller, *On Nationality*（Oxford: Clarendon Press, 1995）, pp. 165–68. ミルトンの『ブリテン史』、カムデンの『ブリタニア』は、ブリテンとイングランドがほぼ同義に使用された例であろう。またジョージ三世は、スコットランドとウェールズとの一体性を重視して「イングランド」より「ブリテン」を好んだ。しかし、ウィルクスのように、イングリッシュがスコッツへの敵対感情として語られ、イングランドとブリテンの差異化が鋭く意識されていた例もある。

＊10　Linda Colley, *Britons: Forging the Nation 1707–1837*（London: Vintage, 1996）.

＊11　Eric J. Evans, *The Forging of the Modern State: Early Industrial Britain, 1783–1870*（London & New York: Longman, 1983）.

＊12　François Crouzet, *De la Supériorité de l'Angleterre sur la France*（Paris: Perrin, 1985）, p. 457.

＊13　Fernand Braudel, *Civilisation matérielle, économie et capitalisme: XVe-XVIIIe siècle*（Paris: A. Colin, 1979）, 3 vols,

III, pp. 302–303.

＊14 Cf. L. -J. Rataboul, *L'Anglicanisme* (Paris: Presses Universitaire de France, 1982), pp. 5–17.

＊15 Cf. A. E. McGrath, *Reformation Thought: An Introduction* (Oxford: Blackwell, 1993), pp. 23–24.

＊16 Cf. William Haller, "John Fox and the Puritan Revolution", *The Seventeenth Century, the Volume in Honor of Robert Foster Jones* (Stanford: Stanford University Press, 1952), p. 209.

＊17 David Daniel, "Introduction", *Tyndale's New Testament* (New Haven: Yale University Press, 1989), p. VII.

＊18 Daniel Baggioni, *Langues et Nations en Europe* (Paris: Payot, 1997), pp. 150–155.

＊19 Cf. Cristopher Morris, *Political Thought in England: Tyndale to Hooker* (Oxford: Home University Library, 1958), esp. ch. 5 (平井正樹訳『宗教改革時代のイギリス政治思想』刀水書房、一九八一年、九九―一二六頁).

＊20 Brian P. Levack, op. cit., p. 17.

＊21 Ibid., p. 173.

＊22 Hagen Schulze, op. cit., p. 140.

＊23 John Pocock, "England", *National Consciousness: History and Political Culture in Early-Modern Europe*, ed. by Orest Ranum (Baltimore and London: The Johns Hopkins University Press, 1975), pp. 98–117.

＊24 Ibid., pp. 109–114.

＊25 Linda Colley, op. cit., p. 389.

＊26 Cf. Blair Worden, "English Republicanism", *The Cambridge History of Political Thought*, ed. by J. H. Burns (Cambridge: Cambridge University Press, 1991), pp. 443–75.

＊27 The Act Erecting a High Court of Justice, January 6, 1649, in *The Constitution Documents of the Puritan Revolution: 1625–1660*, collected by S. R. Gardiner, 3rd ed. (Oxford The Clarendon Press, 1906), pp. 357–358.

＊28 Oliver Goldsmith, "The Comparative View of Races and Nation", *The Royal Magazine's or Gentleman's Monthly Companion*, June 1760.

*29　第二章、七七頁以下参照。

第六章　リベラル・ナショナリズムの陥穽

グレートブリテン島の集合意識

はじめに

イギリスのナショナリズムが大陸のそれといっそう異なった途を歩むようになったきっかけは、一八世紀における政治、社会の変動、そしてフランス革命をめぐる大陸の動向である。その時代を経ることで、ナショナリズムは、グレート・ブリテンの複合国民意識へと成長し、インター・ナショナリズムという容貌を見せ始める。

イングランド社会の変化を語るにあたっては、一七二一年から二一年間政権を運営したR・ウォルポールの役割に言及しないわけにはいかない。戦争が政敵ジャコバイトを利すると考えたかれは、非戦主義と商業優先主義を貫いて、私的所有権の確保、土地税の引き下げなどでジェントリに満足を与えた。このタイトルがなくとも土地（政治権力への近道）を保有できたジェントリが、可動性エリートを構成し、緩やかな集合意識を形成してゆく。

もとより、イングランド社会においては、商業家、投機家の成功者が、スコッツやウェルシュを含めて上流に迎え入れられた。エリートのサークルがこのように開かれていたことも、ネイションの核の形成を容易にしたといえる。[*1] そのジェントリが期待したのは、まさしく他国との友好関係であった。かれらにとって、大陸での栄光はさほど利益をもたらさなかったからだ。

通商の発達が、土地を保有し武器を携える能動市民というJ・ハリントン流のシヴィックな国民意識を稀薄にさせ、かわって「商業モラル」が国民意識の前面に出てくる。こうして、イングランドのナショナリズムは平和的、外向的、開放的という明確な特徴を帯びはじめ、周辺部を巻き込む形で、ブリテン島に共通するアイデンティティへと発展していった。[*2]

しかしながら、イングランドのナショナリズムは、いったいなぜ、大陸の共和（国）主義的なナショナリズムやエスニック・ナショナリズムとは異なり、リベラルな道を辿ったのか。さらに、リベラル・ナショナリズムはやがて拡張主義、帝国主義へと移行するが、その移行は、グレート・ブリテン内において、ナショナリズムに対するどのような疑義や論争を生み出したのか。

この一連の疑問への解答を探し求めるためにもまた、ナショナリズムを本質ではなく過程として捉える視点と、「対外認識」と「ナショナル・プライド」の相互規定性という視座が有効であると思われる。

1　フランス革命の影響とナショナリズムの保守化

産業の変革と世界的な覇権確立が軌道に乗り始めた頃、産業革命後の囲い込みによる土地喪失貧農の発生、労働条件の悪化と下層階級の困窮化などの「ひずみ」が現れ、社会運動が激化する兆しも見えていた。しかし、階級意識が誕生せんとするまさにその時、大陸で「一大事件」が勃発し、国民の体制への信頼とナショナルな感情はむしろ強化される。

つまり、「フランス革命」とその後の混乱、ジャコバンの主導した対外的拡張といういわば反面教師は、ブリテン島のエリート、教会、大衆をイギリス版「反革命」に結集させ、国民意識を再活性化させるきっかけを作った。以後、イングランドやグレート・ブリテンのナショナリズムの促進材料に、フランスという外的要因と、フランスへの対抗意識が加わった。

もちろん、フランス革命は当初、プリーストリ（Joseph Priestley）やプライス（Richard Price）などに代表される「急進主義運動」を湧き起こし、イングランド内に未曾有の騒乱をもたらしている。とはいえ、フランス革命が恐怖政治や軍事独裁を生み、侵略者へ転落したことへの失望から来る揺り返しのほうが、長くその痕跡を止める。*3

たとえば、一七九〇年代に急進主義や無神論を封ずるため愛国心を鼓舞したのは、プレス・メディア、イングランド教会、ミリシアによる「市民運動」であった。王党派リーヴス（John Reeves）の主導の下に「共和派やレヴェラーズに対抗して財産を守るための協会」（APPRL）がロンドンで設立され、教会の存続と愛国的義務の実践を唱え、都市で支持を拡げた。

一方、『トゥルー・ブリトン』（*True Briton*）、『リヴァプール・フェニックス』（*Liverpool Phoenix*）、『ニューカッスル・カラント』（*Newcastle Courant*）紙がこれに呼応し、土地所有者が中心の自由志願兵運動（Volunteer Movement）もここに合流した。[*4] 一七九五年以降、急進主義者は地下に潜伏せざるを得なくなるが、当局の取締ではなく、むしろこれらの市民組織が改革運動にとって痛手となった。ディキンソン（H. T. Dickinson）がいうように、フランス革命のイギリス政治に対するもっとも重要な影響は、フランスの脅威に現実味を与え、それに対抗するための「大衆保守主義」をイギリスにもたらしたことである。[*5]

ネイションの保守化

もっとも、このような大衆保守主義は、結果的に社会運動全般への締め付け強化につながり、イングランドを分断する要因をも産み出してしまった。というのも、それが世論を保守化させ、議会そのものを硬直化させたからである。

ジャコバン主義の再生に対して政治エリートが過敏であった一九世紀初頭は、労働者の共謀、団結を禁止する様々な立法（Combination Acts）が試みられ、その萌芽が摘み取られている。しかも、国民意識の担い手であるはずの地主階級に、農民と平民の失墜に対する同情が希薄で、労働、生活環境の悪化は放置されていた。「制限選挙」は政治参加の機会を閉ざし、司法も土地名士によって牛耳られていた。

革命以後のフランスが、ネイションの形成に不可欠な大衆動員のため、エリートと大衆の隙間を公教育によって埋めようとしたのとは反対に、イギリスでは「自助」というメタファーが妨げとなって、国による経済的弱者の救済は先送りされたままであった。その間に、学校における階級の住み分けが進むのである。

エリートと大衆の乖離が、やがて「二つのネイション」(ディズレーリの政治小説『シビル』Sybil の副題)という難題を生み落す。イングランドは鉄道王ハドソン(George Hudson)に象徴されるような、衣食住、レジャーを含むすべてにわたって優雅な嗜みを追求し、子女をパブリック・スクールに送る富裕なネイションと、エンゲルスが描いた「ロンドン・プアー」に代表される貧しいネイションに分断されている。

そのような中で、国民の分裂を危惧し、一八六七年の選挙法改正を機に、伝統的一体性というノスタルジーを喚起したのが保守党であった。かつて「徒党」に「全国民のための政党」を対置することで支持を拡げたボーリングブルックに倣い、ディズレーリは「保守党こそが国民政党である」と労働者にまでアピールし、国民の組織化をはかって自由党を出し抜く。

イングランドには、分断の収拾のためにナショナルな感情を利用するというパターンが生まれた。

ネイションという言説は、階級意識、党派心に「抗して」語られる言説ともなり、保守主義との結び付きをいっそう強化してゆく。

2　帝国と「選ばれたネイション」の使命——ルール・ブリタニア

一七世紀にピューリタン的心情の核心をなした「選民」(chosen people) は、その後も様々な形でネイションのシンボルを構成する。

詩人トムソン (James Thomson) は、一七二九年『ブリタニア』誌でウォルポールに対抗して好戦主義、海洋帝国主義を謳い、選民意識の対象を国外に向けた。また、ジョージ一世の寵愛を受け、王立音楽アカデミー会長を歴任したヘンデル (Georg Friedrich Händel) が、一七三二年以来そのオラトリオ作品のなかでイスラエルと大ブリテンを同一視し、旧約聖書の英雄を主人公に設定することで人気を博している。

一九世紀に入ると、詩人ウィリアム・ブレイク (William Blake) が、グレート・ブリテンを精神的、物質的に恵まれた「約束の地」になぞらえ、帝国的な深層心理を呼び覚ます。一八三三年の英帝国全土での奴隷制廃止が、「イスラエル」としてのブリテンが奴隷に対して「十字軍」を派遣するという文脈で語られた点は興味深い。その「選民」たる確信は、つねに通商の成功に裏付けられていたのである。

帝国文化の開花

戦闘的な愛国心の鼓舞には、エリート教育、パブリック・スクールが利用された。体育・武道のたしなみがハイ・ソサイエティの一員の証となり、スパルタ的修練が美化され、狐狩りが愛好された。とくに、愛国心教育の最前線にあった大学の役割は重要であろう。オックス＝ブリッジ、スコットランドの各大学で、ウィリアム・クーパー（William Cowper）によるホメロスの『イーリアス』（Iliad）の英訳が、軍事的徳目のテキストとして採り入れられた。ローリー（Walter Raleigh）、マールバラ（John Churchill Marlborough）、ウェリントン（Arthur Wellesley Wellington）という軍事ヒーローも、個人崇拝の対象となり、国民のシンボルに祭り上げられた。

一八七〇年代が始点とされる新帝国主義時代ではあるが、ブリテン島に限っていえば、武道ヒロイズム、戦闘的価値の崇拝に基づいた「帝国主義」の文化エートスは、すでに一九世紀前半にみなぎっていた。

とはいえ、通商の成功のお蔭もあってか、常備軍の未成熟なイギリスでナショナリズムに抑制が効いていたことも、忘れてはならないだろう。粗暴な「第一帝国主義」（北米とインド）はジョージ三世の失策、アメリカの独立で頓挫したが、このことが教訓として及ぼした作用も無視できない。実際一七八〇年代より、新しいタイプのソフトな対外政策を選択し、植民地の原料の「再輸出」、つまりは「世界の工場」という決定的な役柄を見出した。

一八三七年より始まるヴィクトリア朝時代前半は、大戦争やさしたる国内的危機を経験せずに繁栄を謳歌し、「選民」としての体面を保つことができた幸福な時代であった。エリザベス朝以来ネイションの背後に退いていた国王が、ようやく国民意識の中心に戻り、王宮もまた家族の模範とみなされた。

鉄道のネットワークが貫通し、国民的一体感が強化された一九世紀半ば、イギリス人が輸出せんとしたネイションの美徳は、シヴィズムでも武道でもなく、出世を題材に書いたスマイルズ（Samuel Smiles）の自己啓発書、『自助』（Self Help）である。労働者の待遇が徐々に改善され、労働貴族が台頭するとともに、エリート教育の目標は、独立心を助長することへと変化していった。独立独行という企業家理念、冒険的な起業家精神は、ヘイリーベリー（Haileybury）、ストウ（Stowe）、アッピンガム（Uppingham）などのカレッジで教え込まれ、ネイションのリベラルな国際感覚を培ったのである。

インターナショナリズムとの結合

外向的な国民意識の形成において、コスモポリタニズムのシンボルとしてシティが果たした役割を軽視することはできない。そこで活躍した中流階級出身の商人、多くはユダヤ人、クェイカー教徒の活力やかれらのネットワークが、ロンドンをして世界金融の中心たらしめた。イギリスの特徴であるナショナリズムとトランス・ナショナリズムとの連続は、シティ発のイデオロギーにほかならなかった。

もっとも、他国の先頭を走り、他国を恐れる必要のなかったイギリスの通商の精神が、貿易相手を尊重する「互酬性」(reciprocity) に向かうことは少なかった。その背後には、ブリタニア的人間 (Homo Britannicus) による世界の文明化という使命が見え隠れしている。底流に横たわるのは、世界の経済交流が各地に自由の気風、政治の安定をもたらし、ひいてはブリテンの地位を高めるという世界観である。

ここでブリテン島民の使命は、「大英帝国の推進力としての市民的自由と社会秩序を、遠く離れた地域に伝播させる」ことだと理解されていた。そのような文明や市場の世界的な普及という使命感に酔いしれた時代の雰囲気の中で、一八四六年の穀物法廃止、一八四九年の航海条例廃止を導いたコブデン (Richard Cobden) やマンチェスター派の自由貿易主義は、自由放任という国内的要求と対外的使命感に基づく拡張政策を両立させるための最善の方策とみなされた。

ナショナリズムとトランス・ナショナリズムに断絶を認めないこの普遍主義こそ、ブリテン特有のイデオロギーとみなすことができる。

3　文明意識としてのヴィクトリアン・ナショナリズム

ダーウィンの『種の起原』や、当時流行した社会進化論（社会的ダーウィニズム）も、選民主義の由来の一つを構成する。自然淘汰論に示唆を得て優性主義を唱え始めたキッド (Benjamin Kidd)、ピアソン (Charles Pearson)、チェンバレン (Houston Stewart Chamberlain) によれば、ブリティッシュとアメリカンは最高人種に属し、ドイツ人が正しい宗教と企業家精神でその次に位する。ヴィクトリア女王のドイツ系の夫君アルバートの存在や、女王がプロイセン王フリードリヒ三世の姑、ヴィルヘルム二世の祖母にあたるという王家の続柄もあり、当初「共通人種」ドイツのイメージも悪くはなかった。フランスがその次に位置し、南欧やアイルランドは文明という点で最遅とされる。ドイツとは対照的にロシアのイメージは、クリミア戦争時に帝国主義者から左翼まで反露で結束するほど悪化していた。

いうまでもなくカイロから東は、野蛮、無知、傲慢な人種が住む「文明化」の必要な地域である。人種に基づいたこのような文明理解は、ブリテンの使命である「自由な制度の伝播」や「自由放任による適者生存」の正当化に止まらず、後進地域を「統治に適合するまでブリテンが支配する」という野心に、エネルギーを注ぎ込んだのである。[*6]

衰退の恐怖

大ブリテン島の国民意識は、ロンドンでの大博覧会開催（一八五一年）を境に転機を迎える。マッチーニ思想に由来する一八四〇年代大陸ナショナリズムの熱気が伝わり、国民は他国（とくに合衆国とプロイセン）の外交攻勢、反イギリス感情の燃え盛りを感知する。ヨーロッパにおけるイギリス製品の販路も、ほぼ限界に達していた。しかも一八七六年から一八九六年まで、イギリス社会を深刻な不況の波が襲う。

帝国に陰りが見え始めるなかで、東方とくにアジアに活路が見出された。ヴィクトリア女王が一八七七年にインド女帝（Empress of India）を名乗ったことも、アジアに寄せる期待の大きさのほどを窺わせる。それでも、海運の優位を持続させることはできなかった。平和的帝国主義者と目されるソールズベリの発案「光栄ある孤立」（Splendid Isolation）は、ヨーロッパとの複雑な同盟関係に足を取られるのを避け、むしろ遠隔地で貿易の利益確保に専念しようと考えての防衛的な政策と読むことができる。

一八五〇年代、六〇年代の植民地における反乱の拡大は、帝国の「衰退の忍び寄り」を実感させずにはおかなかった。南アフリカ、エジプト、アフガニスタンの紛争への対応は、自由党の弱腰を印象付け、グラッドストーンは国民意識の求心力である女王に疎んじられる。こうして保守党再生の機運が整った。ディズレーリの水晶宮演説（一八七二年）におけるブリテンの岐路の表明、「大陸の原理（自由党）によって形作られ鋳られた安楽なイングランドに満足し、やがて不可避の運命を辿るか、それとも偉大な国、帝国になるか」には、「持ち過ぎた」ネイションの抜き差しならない事態が暗示されている。

国民の保守化を感じ取ったディズレーリのスピーチの二年後、保守党は勝利を手にし、フィジーの併合、エジプト総督の持ち分の運河株買収、南アフリカとアフガニスタンの戦争保護国化などを断行する。この一九世紀後半の拡張を耳にしたとき、ブリテン島民の多くは、なお帝国の成功が「恩寵の証」だという感触を持ち続けることができた。

新帝国主義の背景

国民意識は、しばしば国外システムによって変化が促される。新帝国主義とも呼びうる一八七〇年代からの拡張主義、保護主義の台頭、植民地獲得の再開は、ブリテンすら、自律性を備えつつあった国際システムを無視して行動できなくなったことを物語っている。[*7]

ここでは、アメリカからヨーロッパへの穀物の流入による打撃、イタリア、ドイツの統一による脅威、ドイツの植民地獲得競争への参入、フランス第三共和制の共和市民教育による圧迫などの複合的要因が作用している。一八七七年の露土戦争にさいして発作的に現れる対外強硬論（Jingoism）は、そのような危機的な雰囲気の裏返しにほかならなかった。

帝国的なメンタリティは、国際プレスが伝える軍事的勝利の報に熱狂するナショナル・ポピュリズムの様相を呈しながら、皮肉にも一八八〇年代から昂揚することになる。一八九七年、ヴィクトリア女王即位六〇周年「ダイヤモンド・ジュビリー」（Diamond Jubilee）のさい世界各地から訪れた代表たちの壮麗な行列によって、文明国民という意識は自己確証された。女王のメッセージがテレグラフで世界に伝送され、科学技術最進国というナショナル・プライドに華を添える。

劣等民族を教化する「白人の負担」を説いたノーベル賞作家キップリング（Joseph Rudyard Kipling）の『七つの海』（一八九六年）に象徴される帝国意識の中で、反植民地主義の論陣を張り、一八八〇年に保守党を破って政権に就いたグラッドストーンとて、帝国の呪縛を振りほどくことができようはずもなかった。第二インターナショナルの建設に奔走した社会民主主義者で、「国民社会党」を組織したハインドマン（Henry Mayers Hyndman）のような左派知識人が排外主義から自由でいられなかったことも、大衆の帝国意識のすさまじさを物語っている。

いずれにしても、次節でわれわれがみるように、グレート・ブリテンの人々がこのような帝国意識の圧力から解放されるには、ケルト系民族による「内部からの」異議申し立てや抵抗を待たねばならなかったのである。

4　ナショナル・プライドへの新しい視角

グレート・ブリテンは、いわゆる集権的な国民国家の範疇には含まれず、諸国民の緩い複合体という容貌を持つ。グレート・ブリテンの由来について語られてきた歴史もまた、平和的な融合に力点が置かれていた。すなわち、一六世紀にいち早く国民国家の形成を終えたイングランドが、「サタン」と同義のローマ法王の頸木から周辺地域を解放し、一五三六年にウェールズ、一五四一年にアイルランド王国、一七〇七年にスコットランドと成功裡にユニオン（Union）の絆を深め、ついにはアングロ・サクソンとケルトによる高度な融合体を築き上げるというものだ。

このナラティヴにおいては、リベラルなイングランドによる周辺の封建体制の解体、近代化の促進、政治体制の伝導のお蔭で、三国民は「自由体制、市場経済、プロテスタント」というブリテン的価値を共有しつつ、若干の民族問題（アイルランド）を残しながらも、世界に冠たる連合王国市民として一体となる。この解釈の帰するところ、多民族、多言語の複合体としてのグレート・ブリテンは、アメリカ合衆国と並んで現代の民族問題の解決法を先取りする国、さらには諸国家を横断する連合のモデルにほかならなかった。

外に向かって拡張していた時期には、グレート・ブリテンが「ケルト外辺（Celtic fringe）」の人々にも活躍の場を提供し、かれらの文化や制度の保全を許し、かれらに帝国市民としての心地良い優越感を抱かせたであろう。[*8] この意味で、マイノリティが疎外感を抱くことは少なかったのである。

政治体制が示すマイノリティの許容度についても、フランスのアルザス、ブルターニュの扱い、ないしスペインのバスクの扱いと比べて、グレート・ブリテンは寛容だといわれていた。たとえば、ウェールズとスコットランドの教会は、法王に反感を持つイングランド国教会と距離を保ち、独自なピューリタニカリー・プロテスタントであり続けることができた。さらに一九世紀には、ノン・コンフォーミストがウェールズで優勢となり、むしろ国教会は権威の著しい低下を経験している。

そのウェールズは、政治的、行政的にみるとイングランドとの差異は小さいが、それでも文化的には、独自の言語を保存するなど多様性を保った。一八七〇年には、半数以上がウェールズ語を使用し、一八八八年以来初等教育でもウェールズ語が教えられている。

内なる帝国主義

しかしながら、二〇世紀初頭より、エスノ・ポリティクスの世界的な流行によって、このような

「アングロ・セントリズム」ないしアングロ・サクソン中心の歴史解釈に疑義が呈せられるに至った。地域主義の見直しとともに、国家史より「国民史」に比重が移され、少数民族の歴史を重視する傾向が強くなっている。ケルト民族を中心に帝国史を見直そうという動きが、グレート・ブリテン内で本格化してきたのである。

この論争は、ネイションやナショナリズムには相互に混じり合わない「本質」が存在するのかどうか、人間が一度に複数のナショナル・アイデンティティを持ち得るか、という根本的な問題とも深く関わっている。そこで本章の締めくくりとして、イギリス内部における国民史の重視という傾向と、それが巻き起こした論争について検討しておきたい。

従来のイギリス史解釈では、ブリテン島の歴史はイングランド史に始まり、イングランドによる開放的な統合が進展した記録であった。しかし、ケルト民族史を重んずる教説にしたがえば、この統合は、イングランドによる介入、馴致化に過ぎず、タータン・チェックやバグパイプに代表される言語、文化、習慣を「犠牲に」断行されている。実際、アイルランドのナショナリストにとって、イングランドのナショナリズムは干渉主義的であり、リベラルどころではない。さらに、「ブリティッシュ」は「アイリッシュ」の対立概念であり、イングリッシュ以外の何物でもなかった。

この第二のイギリス史理解は、一九二二年の「アイルランド自由国」(Irish Free State) 成立の前後にケルト系の人心を摑み、一九六〇年代のアメリカ公民権運動に端を発する民族意識の世界的な覚醒、地域格差の是正要求の高まり、とりわけ七〇年代のスコットランド国民党、ウェールズ民族党 (Plaid

Cymru）の躍進のなかで復活を果たした。

このアプローチにおいては、連合王国の形成が「恩寵の巡礼」などの反乱を制圧して行われる「内部の植民地主義」の策謀とみなされている。たとえば、一六〇三年の同君連合、一六五四年のクロムウェルのユニオン、一八〇一年のアイルランドとのユニオン各々の挫折は、無謀な統合の証拠として取り扱われる。

このような主張の一部には、周辺国民が中央の頸木を振りほどき、脱イングランド化（deanglicis.エール共和国初代大統領ハイドDouglas Hydeの演説）を推進し、真のケルト人の独立を達成するところまで射程に収めているものもある。

コンストラクティヴィスト的な解読

しかし今日、「国民の差異」を過度に強調するゼロサム・ゲーム的な国家形成史観もまた、コンストラクティヴィズムの角度から異議が唱えられるに至った。

政治思想史家のポコック（J. G. A. Pocock）は、イングランド、ウェールズ、スコットランドの三つのネイションが閉鎖的に支配 - 被支配関係を演じたという見方の妥当性を疑う。そのポコックが代わりに説く第三のアプローチは、イングランド、ウェールズ、スコットランドが密接に相互的影響（interaction）を及ぼしながら、個々のアイデンティティを形成したというものである。[*9] その場合、差異アイデンティティよりも、国民を横断する意識や共通善が存在したという事実が重みを持ってくる。

この立場を採用すると、イングランドが「中心」として一方的に横暴を振るったわけではないことがわかる。なぜならば、イングランドのアイデンティティ自体も、まさしくケルト的なるものの影響やアングロ・スコティッシュの複合宗教文化の作用抜きには考えられないからだ。三国民の「社会的構成」とでも呼ぶべきこの視点は、イングランドが周辺を帝国的に支配してきたという解釈の再検討を促すのみならず、イングランドのアイデンティティ形成を自己完結的に論じてきたイングランド史解釈をも揺るがしている。

ポコックの指摘を受けて様々な研究が試みられ、「社会的構成」の証拠が提出されてきた。たとえば、イングランドとは別物だと思われがちなスコットランドのアイデンティティも、実はイングランドから持ち込まれた統治組織のお蔭で成立したことが明らかになっている。[*10] すなわち一四、一五世紀のスコットランドには、少なくとも四つの言語が存在し、しかもハイランド（高地地方）、ローランド（低地地方）はそれぞれ、同一民族とみなしえないほど習俗、慣習の差異を誇っていた。そこに統一をもたらしたのは、人種でも言語でもなく、イングランドより伝わり全土に拡まった封建的統治機構であった。[*11]

事実、アングロ・ノルマン的ともいえる、大陸とは異なった特徴を示す統治構造は、ブリテン島のみならずアイルランドにも共通してみられる。一七〇七年の合同以後も、スコットランドの高地と低地の文化的境界線は、スコットランドとイングラントの境界線に劣らぬほど明瞭であった。この関係を鎮めたのは、イングランドの文化支配よりむしろ、反フランス感情、外国との戦争という対外的な要因、そしてグレート・ブリテンの拡張という「共通利害」なのである。[*12]

ブリテン横断的な共通善とは

諸地方の統治組織の類似に加えて、近代以降、ブリテン島の諸国民には強い利害同盟が認められた。百年戦争からナポレオン戦争までの対外戦争は、ブリテン島民の結束を強化している。リンダ・コリーによれば、三者（Welsh, Scots, Anglo-Irish）による地域的住み分けを越えて「ブリテン的なるもの」の輪郭を形作るのに役だった最大の要因は、対フランス戦である。[*13] 戦争という共通目的の遂行を機会に、ブリテンと大陸との対照が盛んになり、プロテスタント、自由市場の楽園というブリテン像が浮かび上がる。

一八一五年から一九一四年は大戦争を経験しなかったので、コリーの図式をそのまま当てはめるわけにはいかない。しかし、この時期のグレート・ブリテンのアイデンティティは、戦争に代わり、通商の利益というあらたな共通善によって導かれていた。すなわち、産業革命とともに発達した石炭、繊維、造船は、「土地への執着」から人間を解放し、なお地方のアイデンティティを背負ってはいるが、ブリテン的な価値観を身に纏った起業家を台頭させてゆく。たとえば、スコッツがときにイングリッシュより積極的に帝国建設に参加し、ブリティッシュとして帝国各地に赴いたことは、この事実を裏付けている。

さらに、ブリテン島内部のエリートの形成もまた、三国民の密接な交渉のなかで行われたとみられる。それぞれのエリートは、婚姻の結果、ルーツを判別するのが困難なほど混交し、諸王国を跨いで各地に財産を取得し、帝国の役職を巡って競合していた。かれらは類似した生活様式や消費形態を採用し、ともにブリテン文化の守護者を任じていた。ユニオン（Union）の成立以来、軍隊がスコッツにもっとも開かれた公的組織となり、一八世紀半ばには、軍事エリートであるオフィサーの四人に一人がスコッツだったといわれる。*14

おわりに

三つの国民史の総合により浮かび上がったのは、中央による周辺への侵略や締付けという史実ではなく、緩やかな二重国民意識の存在である。また、アイデンティティは、それぞれ硬い核や殻を持つがゆえに「相互に反撥する」という事実ではなく、長い間にそれらが融合するという過程であった。

文書の訓練が乏しく教育の恩恵に浴することのない階層は、依然としてグレート・ブリテンより地元の習俗、風習に馴染みがあったかもしれない。しかし、高等教育を経た上層は、二重の国民性を持つことにさほど抵抗がなかったのである。スコットランド北東部ケイスネス出身でのちに農事会議所会頭となるシンクレア（John Sinclair）は、一七九三年に、イングリッシュ、スコッツ、ウェルシュそれぞれの保全が連合王国の利益だと述べている。*15

コリーの印象的な一節を借りれば、「アイデンティティ増加の方向は、他の忠誠心に取って代わり、それを押し退ける」とは限らない。すなわち、アイデンティティは帽子ではなく、「一度に、複数のものを被ることができる」[*16]。イングランド、スコットランド、ウェールズの地域意識とブリテンという集合意識の共存関係が、そのことを物語っている。

なるほど、この図式は、プロテスタント文化圏に属さず、帝国の拡大に積極的に参加したわけでもないアイルランドには、当てはまりにくいかもしれない。しかしこのことも、「四つの独立した国民史を乗り越える視点を持たねばならない」というポコックの呼び掛けを無効にするわけではないだろう。ブリテン島を巡る諸ネイションの横断的な歴史研究の進展が望まれている。

さらにまた、類似のアプローチがイギリス以外にも適用され、近隣諸国民の交流に関する総合的研究が盛んになれば、対外認識とナショナリズムの相互規定的な関係、および民族を横断する複合アイデンティティの生成プロセスが、よりいっそう明らかにされるだろう。

注

＊1　その点でイングランドは、ブルジョアと貴族、法服貴族と軍人貴族という階級の敵対が持続し、調停を王権に委ねた揚げ句国王の権限を強化させてしまったフランスとは対照をなしている。

＊2　このようなリベラルな体制は、啓蒙期の大陸の思想家によって、イングランドの「お国柄」として認識されてゆく。この点については、以下を参照せよ。押村高『モンテスキューの政治理論――自由の歴史的位相』早稲田大学出版部、一九九六年、二七三―二七九頁。

＊3　Eric J. Evans, op. cit., pp. 69–79; Clive Emsley, "The Impact of the French Revolution on British Politics and Society", *The French Revolution and British Culture*, ed. by Ceri Crossley and Ian Small (Oxford: Oxford University

Press, 1989), pp. 42–62.

＊4　Ibid., p. 73.

＊5　H. D. Dickinson (ed.), *British Radicalism and the French Revolution: 1789–1815* (Oxford: Basil Blackwell, 1985), p. 103.

＊6　キッド、ピアソンらの人種差別主義が帝国の戦略の立案に与えた影響については、以下を参照。John Darwin, *The Empire Project: The Rise and Fall of the British World-System 1830–1970* (Cambridge: Cambridge University Press, 2009), pp. 67ff.

＊7　Cf. Leonard W. Cowie and Robert Wolfson, *Years of Nationalism: European History, 1815–1890* (London: Hodder & Stoughton, 1985), pp. 354ff.

＊8　次の論文では、ブリテンの体制の寛容さを説明するため、フランス中央政府のブルターニュへの対処と、ブリテン政府のウェールズへの対処を比較している。「文化の多様性の問題についてのブリテンとフランスの対応の違いは、周辺地域に関わる法制にも反映されている。英国議会は一九世紀末よりとくにウェールズを対象とし、なおそこに教育、住居、その他の政府の役割に関する特権を与える法律を数多く通過させてきた。フランス国民議会は立法という点でみれば、ブルターニュや他の地域を特別扱いすることはほとんどない。それが制定する法律は、つい最近まで、国土の周辺地域の差異を承認するより、同質性を高めることを目的としてきた」。Michael Hechter and Margaret Levi, "The Comparative Analysis of Ethnoregional Movements", *Ethics and Racial Studies*, 2/3 (1979), pp. 262–74, quoted in *Nationalism*, ed. by John Hutchinson & Anthony D. Smith (Oxford: Oxford University Press, 1994), p. 190.

＊9　以下の一連の論文を参照。J. G. A. Pocock, "British History: A Plea for a new Subject", *Journal of Modern History*, vol. 47 (1975), pp. 601–628; "The Limits and Divisions of British History", *American Historical Review*, vol. 87, No. 2 (1982), pp. 311–336; "History and Sovereignty: The Historiographical Response to Europeanization in Two British Cultures", *Journal of British Studies*, vol. 31 (1992), pp. 352–389; "Two Kingdoms and Three Histories: Political Thought in British Contexts", *Scots and Britons: Scottish Political Thought and the Union of 1603*, ed. by R. A. Mason (Cambridge: Cambridge University Press, 1994).

＊10　ウェルシュ、スコッツの国民文化が古来の伝統ではなく、近代の一時期に「創られた」ものであるという点については、以下の野心的な研究がある。Hugh Trevor-Roper, "The Invention of Tradition: The Highland Tradition of Scotland"; Prys Morgan, "From a Death to a View: The Hunt for the Welsh Past in the Romantic Period", *The Invention of Tradition*, ed. by Eric Hobsbawn and Terence Ranger (Cambridge: Cambridge University Press, 1983), pp. 15–41, 43–100.

＊11　John Morrill, "The Fashioning of Britain", *Conquest & Union: Fashioning a British State*, ed. by Steve G. Ellis and Sarah Barber (London and New York: Longman, 1995), p. 12.

＊12　Linda Colley, op. cit., pp. 393–394.

＊13　Ibid., pp. 1–9, 385–397.

＊14　Ibid., p. 132.

＊15　Sir John Sinclair, *An Account of the Highland Society of London* (1813), pp. 27, 35; quoted by Linda Colley in op. cit., p. 394.

＊16　Linda Colley, op. cit., p. 6.

第七章　アメリカン・ナショナリズムの背理
帝国論争を通じて

はじめに

アメリカ合衆国は、ブッシュ（Jr）政権の時代に内政、外交のいずれにおいても大きな揺らぎを経験した。世界が不安をもって注視したアメリカの迷走の原因とは何であったのか。本章は、アメリカ人の対外認識の変化とナショナリズムの変容との関連で、その原因の究明を試みる。

アメリカの変調の意味を理解するには、九・一一事件がもたらした衝撃の深度に、目を向け直す必要があるだろう。単なる国益にではなく、国土という身体に攻撃を受けたことで、アメリカは平常心やバランス感覚を忘れ、深慮、中庸、寛容を保ち得なくなった。『自家撞着の帝国』におけるM・マンの表現を借りれば、強者は「恐れおののく者」に変わった。[*1]

しかも、恐怖を払い除けるためにブッシュ政権の採った対応が、かえって症状を深刻なレベルに至らしめた。そこには、テロリストを追ってしゃにむにシャドウ・ボクシングを繰り返すアメリカがあり、イデオロギー面で原理主義とも言うべき新保守主義に大きく振り切ったまま、振り子の戻らないアメリカがあった。

さらに政治社会面では、安全保障のために個人の権利や社会の多様性を犠牲にする、矛盾に満ちたアメリカの姿があった。『新・世界無秩序』を書いた哲学者トドロフ（Tzvetan Todorov）の読み解くところ、ブッシュ政権アメリカが犯した最大の背理とは、中東に民主主義を教え込もうとしながら、国内で民主主義を後退させたことである。[*2]

帝国論争のねじれ

このような心理状態にあっては、国外からアメリカを制止しようとする者の声がアメリカ国民に届くべくもなかった。なぜならば、アメリカはテロリストとの「終わりなき戦争」に突入し、アメリカ国民にしか感ずることのできない恐怖が、「テロとの戦い」とともにむしろ高まっていたからである。しかも厄介なことに、アメリカ国民は、自国が帝国を形成しているとは夢にも考えなかったし、帝国批判は、たとえそれがアメリカ人自身の手によるものでも、耳障りなアンチ・アメリカニズムに響いていた。

もちろん、レーニン流の帝国主義論の観点に立てば、資本大国であり、軍事大国でもあるアメリカは帝国主義国家に該当し、この意味でレーガン時代のアメリカもオバマ政権のアメリカも基本的に変わりないといえるだろう。アメリカ人も、このような批判を耳にしたことがないわけではなかった。たとえば、二〇〇三年に出たウッド (Ellen Meiksins Wood) の『資本の帝国』のように、グローバル化による世界的な階級闘争の激化の中で、豊かな国の利益を守るために、つまりグローバルな階級間搾取を持続させる機関としてアメリカ帝国が維持されている、と解釈するむきもあった。[*3]

しかしながら、このような「糾弾」が真の論争空間を形成し、変調の中にいるアメリカ人を動かしたと考えることは難しい。「米帝」という動員スローガンは、世界をアメリカから引き離すのに一定の効果を及ぼしたかもしれない。しかし、そのような批判を浴びせただけで終わるならば、「国際社会からの批判がかえってアメリカ人の道徳的使命感を掻き立てている」という現象を、見過ごすことになる。

もともと帝国主義という批判は、「帝国」が侮蔑的な意味合いを持ち、「非難に値する」という了解のあることを前提としていた。けれども、当時、この言葉をアメリカに用いた途端に論争が噛み合わなくなる、という状況が生じていた。なぜならば、論争空間に二つの「ねじれ」が介在したからである。その一つが、九〇年代のアメリカで帝国の意味内容の組み換えが起こり、帝国を肯定的に用いる言説が復活していたことであり、二つは、アメリカ人が、自らをむしろ帝国と徹底的に戦う国民だと認識していたことであった。

アメリカが果たして帝国であったか、また帝国であったとすれば過去の帝国とどのような点で異なっていたかを突き止めるには、これらのねじれを考慮しつつ、当時のアメリカ人の精神構造の内面に立ち入った分析が必要である。[*4] そこで本章では、九〇年代アメリカの帝国言説にスポットを当て、さらに、論者たちのパーセプションの地平にまで降り立って、アメリカ・ナショナリズムの構造と陥穽を明らかにしてみたい。

1　新保守主義者と帝国の意味変換

一九九〇年代アメリカに帝国をめぐる論争空間の形成を促したのは、政治、外交、経済、情報、文化における「デ・ファクト（事実上）な帝国」の出現である。ハース（Richard Haass）やベイセヴィッチ（Andrew J. Bacevich）も言うように、合衆国政府が帝国であることを否認し続けたとしても、アメリカはすでにデロス同盟主アテネ、帝政ローマ、大英帝国と類似した「帝国的役割」を引き受け、「帝国的問題」を抱え込んでいた。[*5]

九〇年代半ばに、アメリカ人は自国の圧倒的な優位を表す言葉を探しながら、単極構造の中心に座ることの長所や短所を自問し始める。覇権、グローバル・リーダーシップ、ヘジェモン、パックス・アメリカーナなどの言葉が、セルフイメージを形成していた時代である。

「善い帝国」の由来

とはいえ、この時代のアメリカの心情を最も良く表す言葉は、伝統的現実主義の流れを組むハースが九七年に著した本の題名『気乗りしないシェリフ』かもしれない。[*6] つまりアメリカ人の多数に、リーダーの役目は引き受けても「帝国とみられることは好ましくない」という意識が働いていた。このような躊躇いは、アメリカがかつてモンロー主義によってスペイン帝国の植民地の独立を支援したという原体験、またドイツ、イタリア、日本の全体主義と戦う自由世界へ救援の手を差し伸べたという記憶に由来する。

ところが、世紀の転換点に近づくと、肯定的意味をほとんど失い、むしろ侮蔑的用語となったはずの帝国を、まず説明概念として、次に理念目標として復権させようとする人々が現れる。その試みの端緒は、ワシントンの政策エリートが、帝国が「是非の問題」ではなく「事実の問題」であることをアメリカ人に納得させ、事実と認識のギャップを埋めようとしたことで開かれた。かれらは、アメリカが世界で行使しているパワーの実態を国民に知らしめることなしに、外交政策へのサポートを得るのは難しいと考えたからである。

九八年に『フォーリン・ポリシー』に寄せた論文「善意の帝国」で、「世界の少なからぬ人々がアメリカの覇権を望んでいる」と述べ注目を浴びたのは、新保守主義者の一人ケーガン (Robert Kagan) である。かれの主張は、内容の緻密さはともかくも、聴衆を魅了するほど雄弁であった。すなわち、一方で「善意の」という限定詞を設け、他方で「反米の多くいる」仇敵フランスを引き合いに出し、フランスがパワーを手にしたら「アメリカより傲慢でなく、利己的でもなく、アメリカほど愚行に走らないと考える人はいるのだろうか」と反語を浴びせて、アメリカ国民の道徳的な「迷い」や「躊躇」を払い除けたからである。[*7]

もちろん、『帝国ではなく共和国を』を書いた孤立主義者のブキャナン（Patrick J. Buchanan）のように、帝国賛美が国民を不遜にするのではと危惧する人々もいた。『フォーリン・アフェアーズ』に「帝国アメリカという（そして帝国アメリカにとっての）危険」を寄せたメインズ（Charles William Maynes）も、覇権国は同盟国の同意という正当性を得なければ存続することができず、単独行動主義、なかんずく軍事力の行使は、アメリカが最も避けるべきものの一つであると説いていた。[*8]

しかし新保守主義者は、かれらに対して、正当性がリーダーシップへの信頼よりもたらされ、そのリーダーシップは、誰もが理解可能な言語であるパワーを毅然として行使する勇気から生まれる、と応酬していたのである。[*9]

2　九・一一の試練と帝国の使命

このような帝国論争の軸は、まず九・一一の悪夢によって大きな「ぶれ」を経験した。次いで新保守主義者がその事件を「帝国的問題」として解釈したことにより、大きく右方向に移動した。

九・一一は、新保守主義者によって、『アメリカ帝国の悲劇』でチャルマーズ・ジョンソン

(Chalmers Ashby Johnson) の言う「誤った外交政策の報い (blowback)」ではなく、アメリカが「強国であるがゆえに被らざるを得ない運命」に読み換えられたのである。

リーダーは常に反感を買い、覇権国は、たとえ善意に溢れていても、強いというただそれだけの理由で敵意を浴びる。そうである以上、アメリカはもはや退くことが許されず、帝国をそのコストやリスクとともに引き受けねばならない。このような言説が、自信喪失のどん底にあって「われわれはなぜ、恨まれなければならないのか」と自問し、アメリカの世界的な有用性の証拠を探し求めていた人々に強くアピールしたであろう点は疑いない。

帝国の使命の擁護

九・一一から一月後、「恐怖」と「怒り」という非日常的なエートスの中で、弱冠三二歳の新保守主義者ブート (Max Boot) が雑誌『ウィークリー・スタンダード』に載せた論文は、「アメリカ帝国の擁護」と題されていた。かれによると、アフガニスタンをはじめ圧制に喘ぐ国々が、大英帝国の「乗馬ズボンとヘルメットに身を包んだ総督」のような、開明された統治者を必要としている。アメリカは非民主主義国の「体制を変える」使命を負っており、その使命はアメリカの安全という至上命令とも合致する。*10 のちにブッシュ政権の「武力を使った中東の民主化」を予感させるマニフェストである。

しかしながら、武力を使った民主化という展望に、耳を傾けられる機会がこれほど早く訪れたのは、新保守主義者にとってさえ思いもよらぬことだったのかもしれない。なるほど『ウィークリー・スタンダード』を拠点とした論客クリストル（William Kristol）、ケーガン、ブート、そして保守派シンクタンクの「アメリカ新世紀プロジェクト」に身を置くダナリー（Thomas Donnelly）は、九〇年代初頭より帝国主義的な論調を吐いていた。かれらはブッシュ（Sr）政権を穏健かつ臆病過ぎると感じ、続くクリントン政権については、中東和平、北アイルランド和平などの「国益と関連の薄い」問題への行き過ぎた関与を批判していた。「悪の帝国」ソ連と戦ったレーガンを模範と仰ぐかれらは、共和党政権を主導する機会を窺っていた。[*11]

とはいえ、九・一一事件以前に、善意の帝国論の支持者は少数派だったと言い得るであろう。レオ・シュトラウスの影響下で政治哲学を学んだウォルフォウィッツ（Paul Wolfowitz）のような、各地域の人々を圧制から解放して、かれらが自由に政体を選べるようにすれば、アメリカの国益と安全が促進されると叫ぶ新保守主義者の論客も、ブッシュ政権の一角（国防副長官）を占めていた。[*12] しかし、同じ政権には、チェイニー（副大統領）やラムズフェルド（国防長官）がいて、国土の安全と関わりの薄い「不要な介入」に反対し、軍事力の行使は明確な脅威への対処に限るべきだと主張していた。つまりブッシュ政権が誕生した当初は、「タカ派とタカ派が拮抗していた」のである。[*13]

試金石としての中東

ところが、九・一一事件の衝撃は政権内の力学をも変化させた。この事件が、両派を連合させ、新保守主義者の発言の機会を拡げたのである。それればかりか、誰もが苦戦を予想したアフガニスタンにおけるタリバン掃討作戦が「当初」期待を上回る成果を収め、ベトナム戦争やソマリア介入のトラウマが払拭されたことで、新保守主義者にとって、理念を実現させるまたとない機運が訪れた。アフガンの勝利を自説の勝利と確信したウォルフォウィッツは、イラク攻撃や中東民主化というオプションの採用をブッシュに進言する。

新保守主義者に従えば、サダム・フセインは、単にアメリカへの脅威を構成するばかりでなく、その暴君的な性格により「グローバルな目的と道義的使命を明確化する機会」を提供してくれた。[*14] かれらにおいて、独裁者フセインの息の根を止めることは、中東の「ならずもの国家」への懲罰を超えて、ポスト冷戦期アメリカの外交政策の総決算という意味合いを持つ。なぜならば、「ブッシュ（Sr）の妥協主義」と「クリントンのリベラリズム」により権力の座へ居座ることを許されたイラクの独裁者フセインの打倒は、任務の完遂を意味するからである。[*15]

このように、帝国的理念を実践するのに相応しい場所を求めて、新保守主義者は早くからヨーロッパではなく中東に注目していた。中東の民主化と自由化という構想は、ユーラシア大陸一帯の権益確保という点でアメリカの国益に重要な貢献をなし得るし、なおかつ、「道徳的使命と国益の一致」という、アメリカが政策の適否を判断する際の規準を満たすであろう。

ブッシュは、九・一一事件から暫く、ＮＡＴＯや同盟国との連携、また旧東側諸国との新たな同盟関係の構築など、「選択的な多国間主義」を採用していた。ところが、一方で二〇〇二年の中間選挙における共和党の勝利で大統領就任時の「正統性の欠如」という問題に決着を付け、他方でアフガン攻撃の一応の成功により「貧弱な外交経験」という履歴を塗り替えると、新保守主義者の提示するオプションの実施を真剣に考え始める。ついにブッシュは、新保守主義者のイデオロギーと、ラムズフェルドやチェイニーの軍事路線という二頭立ての馬車を仕立てて、武力を使った中東民主化に乗り出すのである。

いずれにしても、帝国に必要な「世界を統治する野心」が国民の側に希薄なアメリカ、自由と多様性を売りにするアメリカで、少数者の帝国思想が外交・安全保障をいわば接収することができたのはなぜか、また、新保守主義者が僅かな時間で帝国の意味変換を成し遂げることができたのはなぜだろうか。その解答は、新保守主義者の論理とブッシュの政策を分析しただけでは、またアメリカ大統領の権限の強大さを一から解説してみたところで得られないだろう。

次節では、その点について解明を試みているアメリカ帝国批判のディスコースを検討したい。

3　増幅される恐怖

アメリカの市民政治学を代表するベンジャミン・バーバー（Benjamin Barber）は、国民が帝国の誘惑に身を委ねてしまった原因として、恐怖という心理状態を見逃さなかった。それは、「最強者」や「持てるもの」だけが知る、それゆえ他国には理解の及ばない恐怖である。

たとえば、ブッシュは二〇〇二年九月一七日に発表した「国家安全保障戦略」で、直面する危険を「いまや目に見えない個人間のネットワークでさえ、アメリカを極度の混乱に陥れることができる。戦車一台にも満たないコストで、我が国に多大な混乱と被害をもたらすことができる」と表現した。[*16]同じ文書における「危険の高まりを前に、手をこまねいているわけにはいかない」、「脅威が大きければ大きいほど、行動を採らないことのリスクは大きくなる」という一節も、おののき、身震いする心境を伝えている。[*17]

このようなブッシュの反応をみたバーバーは、『恐怖の帝国』で、テロリストの術中に嵌るアメリカ政府の愚かさを指摘している。なぜならば、テロリストの武器は最新兵器でも大量破壊兵器でもなく恐怖そのものであり、かれらの究極の狙いは、破壊することではなく、相手を「恐怖の連鎖」に陥れることであるからと。[*18]

恐怖の作用

アメリカ人の不安に、あながち妄想とは言えないような連想が伴っていた点も重要であろう。メディアで大きく報じられた地下鉄サリン事件（一九九五年）や炭疽菌事件（二〇〇一年）が、危険にリアリティーを加え、恐怖を一人歩きさせてしまった。しかも、ハリウッドのホラー映画、いやフォックス・ニュースの流すフセインの反対派処刑の映像に馴染んでいるアメリカ人は、恐怖の想像力が旺盛だ。U・ベックの唱える「リスク社会」としてのグローバル社会という定式化もまた、「開かれた社会」を標榜するアメリカ人の恐怖を煽ったのである。*19

テロリストはこのようにして、全能者さえ無能にするような不安を植え付けることに成功した。何もしないでいると恐怖に苛まれる人間であれば、危険の「蓋然性」は「確実性」に高まる。イラクの大量破壊兵器という「疑惑」がいつしか「確証」に変わったゆえんであろう。こうして、無策という「敗北主義」を何よりも嫌うアメリカは、我を忘れて先制行動に駆り立てられた。ブッシュは、気散じとして他者に恐怖を与えることで、恐怖から逃れようとしたことになる。

バーバーの診断によると、アメリカの敵はテロリズムよりむしろ内なる恐怖であった。だが、他者に恐怖を与えても、内なる恐怖を打ち負かすことはできない。精神的なアノマリーを克服するための処方はひとり平常心を保つことであり、また、テロリストとの正しい戦い方としては、国際的連帯と国際法に頼るほかないはずだ。つまり、アメリカのパワーの源泉は、バーバーが「マック・ワールド」と呼ぶところの、市場化の波が生み出した相互依存の世界にあり、そのアメリカが相互依存を忘れて単独行動に走ることは、自己の存在理由を否定するのに等しい。

バーバーがテロリズム対策として提案する、人類共同体に根ざす普遍法による秩序、民主主義国が協力して実施する予防外交については、やや現実味に欠ける部分もあろう。しかし、軍事力の行使がアメリカの守ろうとする国際秩序そのものを台無しにするというバーバーの警告は、アメリカの進歩的知識人や民主党支持者に対して響くものを多く持っていた。

アメリカ国民の戦争観

九・一一事件の犠牲は、映像が脳裏に焼き付けた衝撃を別にすれば、旧ユーゴの紛争、ソマリアやルワンダの内戦がもたらした被害に比べて、決して大きなものとは言えない。しかし、アメリカ人がこれほどまでに平常心を失うのは、脅威に対して無感覚、いや脆弱であるから、さらに言えばそれを「帝国を失う恐怖」と結びつけているからに違いない。

もともと、各国には他国が一斉に反撃してくることへの警戒心があり、それが、強国に控えめな行動を採るよう作用する場合もある。もはや反撃される恐れのないほど強力なはずのアメリカが恐怖に絡め取られたのは、逆説と言わざるを得ないだろう。こう指摘するのは、『恐怖と帝国』を書いたフランス人のアスネール（Pierre Hassner）である。[*20] アスネールは、アメリカ人が恐怖におののく様は、文明人がいわゆる野蛮人を漠然と恐れるのに似るとまで言う。つまり、文明人にとって野蛮は狂気を連想させ、狂気は暴力を連想させるからだ。

いつの時代でも、このような恐怖を鎮める方法は、アスネールによれば宗教であった。ブッシュがしばしば「神」を引き合いに出し、アメリカ人が（ヨーロッパ人からみると）異常なまでに信仰に傾いていた理由を解き明かすメタファーかもしれない。そして、恐怖の鎮静には「儀式」と「生贄」が必要とされる。アスネールは、ブッシュが、反撃してくる恐れのないアフガン、イラクなどの弱体国家を生贄として選んだのだと解釈する。

二〇〇三年に英語訳が出た『帝国以後』の著者で、反米論者として名を轟かせたトッド（Emmanuel

Todd）に言わせれば、アフガンやイラクへの攻撃の真の意味は、衰退の恐怖を忘れるために強者が行う「虐待」であった。[*21]

ジョンソン（Chalmers Ashby Johnson）の『アメリカ帝国の悲劇』も、脅威の値踏みができないアメリカ人を浮き彫りにしている。かれによれば、地理的に隔絶されたアメリカ人は、他の地域が日常的に体験している「戦争による破壊」を知らない。九・一一事件への落ち着きのない対応は、アメリカ人が現代戦に不慣れな証拠とみられる。つまりアメリカ人には「攻撃が生身の人間へ与える本当の効果」を理解する力が不足していたのである。[*22]

ヨーロッパでは、被るかもしれない反撃に対して抱く恐怖が、戦争の動機そのものを抑制することもあった。しかし長距離巡航ミサイル、いや対空砲火の及ばない高度からの空爆技術に頼るアメリカは、いまや遠隔地の敵国からの報復を気に掛ける必要がない。ジョンソンが「無痛歯科治療的戦争」あるいは「非接触戦争」と呼ぶものを通じ、アメリカが好戦的な帝国に向かうゆえんである。[*23]

しかも、テロの恐怖によって無限に拡大された「守らなければならない場所」は、無為や無策を嫌うアメリカの「作為主義」とも連動して、いまや「地球全体の軍事的管理」という恐ろしい発想へとアメリカを導いていた。

恐怖の利得者

ところで、脅威論は、それを煽ることで得をする者を媒介する。テロに対する恐怖は、「共和党票を増やすため、我々の指導者が選挙目的に虚言を吐いているのではないかという疑いを禁じえない」と述べる社会学者マン（Michael Mann）の『自己撞着の帝国』もまた、実態を反映しない脅威におののくよう「仕向けられる」アメリカ人への慨嘆で溢れている。

マンは、たとえば「かつて経験したことのない、想像も及ばない危険に遭遇している」というブッシュの演説を引いて、「ヨーロッパからの失笑を買いながらも」テロリストをヒトラーやスターリンになぞらえるブッシュ、また混乱と恐怖に乗じて得点を稼ごうとするブッシュの幼稚さをこきおろすのである。[*24]

テロリストは人海戦術というローテク兵器に依存しており、しかも人材を継続的に確保できる立場にはない。テロリストへの共感者を減らし、その予備軍の発生を防止することが課題である時に、アメリカは必要もない国を侵略してアラブ人の反発を買うという、真逆の行動を採っている。ここに、マンの描く第一の「自家撞着」がある。脅威の規模を正確に測定できるように、また九・一一の被害を等身大で捉えられるように、マンはその物指しまで提供しようとしている。いわく三〇〇〇人の犠牲を出した九・一一事件と同じ年に、アメリカで発砲事件に巻き込まれた死亡者は三万人、交通事故による死亡者は三万八〇〇〇人を超えていた。[*25]

豊饒かつ快適で、海洋により防守されているアメリカにとって、世界は安全な場所のはずであった。また安全な場所であり続けることもできた。ところが、アメリカは国を越えて共産主義の残党を追い詰め、石油資源の供給源を探し、必要もない所に米軍を駐留させ、イスラエルの国家テロリズムを支援していたのである。これらの企てを中止するだけで危険は消え去るのだが、裏腹にアメリカは日々新たな危険を作り出してしまっている。この意味でも、アメリカは「自家撞着の帝国」を演じていた。

マンの描くアメリカは、軍事的に巨大でも政治的、経済的には脆弱な存在だ。新帝国主義者は、アメリカの弱点を覆い隠そうとして、時々、思い付いたように軍事力行使を画策する。トッドなら「演劇的」小規模軍事行動と呼ぶものである。[*26] しかし、その効果も長くは続かない。マンは、社会学者T・パーソンズの「むき出しの力は、合意に基づくコンセンサスとは違い、価値が低下しやすいものだ。実際に使えば使うほど、早く価値が低下する」という一節に注意を促している。[*27]

新しい無知

ブッシュ以外に恐怖で得をした者がいるとすれば、アメリカ全体をイラク攻撃へと動員した新保守主義者かもしれない。ハーパー（Stefan Halper）とクラーク（Jonathan Clarke）の『孤独なアメリカ』は、新保守主義者が外交政策を誤った方向に誘導する過程を綿密に分析した労作である。その中でかれらは、恐怖を制御することができずに、新保守主義者の専横を許したアメリカ国民の「無知」に注目する。しかもその無知とは、「情報に疎い」という意味での無知ではなく、フォックス・ニュースに釘付けになることで視野が狭まり、他の情報に目を向けなくなるという新しいタイプの無知であった。[*28]

ハーパーとクラークの分析では、国民が無知に留め置かれたことに対して、民主政治のリーダーたちが負うべき責任も重い。政治家は「最新の世論調査に過敏であり」、ジャーナリストは「情報源を明示できるものしか語ることができない」。ニュース番組の司会者は「有名人ゲストを必要とし、かれらの機嫌を損ねないようにインタヴューで尋ねる内容を予告しておく」。学者はどうかと言えば、「連邦政府や財団より資金を得ており、差し障りのあることを口にしない」。一方シンクタンクは、「党派色の付いた資金を当てにしている」。これらすべてが、アメリカ国民をイラク攻撃支持へと駆り立てたのかもしれない。*29

4　恐怖からの覚醒と実用主義への復帰

帝国批判者は、アメリカ人を平常心に引き戻す作業に労力を費やしている。かれらが期待を掛けるのは、実用主義によって恐怖の衝動を抑制させ、また覇を唱える人間に対して、その利害損得に眼を向けさせるという心理療法であった。ここには、古代歴史家ツキディデスが帝国アテネのジレンマとして描いた「権力対利益」という構図が再現されている。

たとえば、国際関係論（IR）において帝国批判で独り気を吐くアイケンベリー（John Ikenberry）は、アメリカ人が先人に学び、健全な時代の記憶を呼び覚ますよう訴え掛けている。『アフター・ヴィクトリー』には、ワシントンの高官たちが「覇権を追いすぎてすべてを失う過ち」を犯さないようにとの、願いが滲み出ているのである。

世界が曲りなりにもアメリカに信頼を寄せ、リーダーの正統性を認めたのは、そのパワーが「制限されている」という安心感ゆえであった。さらにその安心感を裏付けたのは、戦後アメリカが築き、その内に身を置いたレジームと、その具体的な形としての国際機関、国際法にほかならない。つまりアメリカは、自国への見返りは少ないが、国際社会のプレーヤーが等しく利益を得られるような制度と秩序の構築を手助けした。その努力によって、自己犠牲的な覇権国として、今日の信頼を勝ち得たのだと言う。

政策レベルの矛盾

さらに、信頼を側面から支えた仕組みが二つあった。一つは、アメリカの国内政治や意思決定過程が開放的であり、他国も外交ロビーによって影響を及ぼすことのできるものだったこと、そしていま一つは、民主主義国家の批准した条約を通じて制度と同盟が運営されるなど、後戻りできない状況が築かれたことである。[*30] 明示的に述べているわけではないが、アイケンベリーの批判の照準は、ワシントン中枢の単独行動主義者に定められている。かれらは、「戦後国際秩序の規範や制度を無視して、アメリカのパワーを思うままに行使」しようとしている。

アメリカの遺伝子には存在しないはずの新帝国主義は、先人の知恵に背くばかりか、過去の諸帝国が滅んだ原因である過剰展開（over stretch）を犯すだろう。アイケンベリーは、ブッシュの単独行動主義にアメリカの「戦後ヴィジョン」を対置しつつ、作為主義を諦めて「現状維持政策」に復帰するよう呼び掛けていた。

アメリカ建国以来の道程を振り返りつつ、また過去の帝国との比較のもとに、新帝国主義の無謀さを暴こうとしたファーガソン（Niall Ferguson）の『巨像――アメリカ帝国の代償』もまた、ブッシュの政策が「伝統からの逸脱」であることを解き明かそうとする点で、アイケンベリーと目的を一にしている。

ファーガソンの描く近・現代史に登場するアメリカは、「帝国の出現を阻む国」、いや「反帝国主義を国是とする国」だ。[*31] それどころかアメリカは、大英帝国に比べ、①外国資本への過度の依存が示すように経済的に不健全であり、②拡張のための要員、つまり帝国の担い手が不足しており、③国民が帝国民としての教育を受けていない、などの点で甚だしく見劣りがする。このような国が幸運にも覇権を手にできたのは、ナチス・ドイツ、大日本帝国、ソ連帝国に対抗して、被抑圧国の側に立って戦うことのできる頼もしいチャンピオンのイメージを確立したからにほかならない。

もとより、資本主義と民主主義の時代の到来も、「歴史の終焉」を予告する人々が言うほど自明ではない。各国がそれらに移行するさいの障害を取り除くため、世界はなおリベラルなリーダー国を必要としている。つまりアメリカの果たすべき役割とは、「必要であれば武力を使ってでも、法や秩序を欠く地域に、それらを樹立することにある」。ファーガソンによると、覇権を維持する真のパワーとは、軍事力それ自体ではなく、軍事力を用いてでも実際に課題を解決する力であった。[*32]

国益と国連

アメリカを代表する戦略家ジョセフ・S・ナイ（Jr）の議論にも、国益を近視眼的に追求する単独行動主義者に対して、啓蒙された「利害計算」でもって反撃するという手法が見受けられる。

かれの論敵であるライス（Condoleezza Rice. 当時の大統領補佐官、のち国務長官）は、国益を、アメリカ本土への武力攻撃を防ぎ、対抗勢力が現れるのを阻止し、同盟国の利益を守ることと定義した。そのさいにライスは、国益への忠誠を唱える一方で、国際的利益という考え方を「実体のないもの」として斥ける。ライスに限らず、国益を重視する主権至上主義者は、国連や国際機関を、場合によっては利用価値を生むが、基本的にはアメリカの外交・国防方針に口を挟み、アメリカの手足を縛る存在とみなしていた[*33]。

これに対して、クリントン政権で国防総省次官補を経験したナイは、『アメリカン・パワーの逆説』で国連軽視論の視野狭窄を批判し、かわりに次のような持論を展開する。多国間主義にはコストがかかるが、「より大きな視野で捉えるなら、費用を上回る便益がある」。すなわち、ナイによると、アメリカを拘束し、短期的にみればアメリカの自由を制限するように思われる国際法は、「他国の行動も制約することで、アメリカの利益になる[*34]」。

新帝国主義者と実用主義者の論争を耳にすると、「戦士対商人」というあの構図を思い起こさないわけにはいかない。覇権を追う戦士とは、ここでは新保守主義者を指し、見返りの損得を計算する商人とは、ここでは穏和な覇者のメリットを政治経済学的に追求する実用主義者を指している。現代史を振り返ると、アメリカの外交政策がこの二つの側面を持ち、両者のバランスの上に運用されてきたことがわかる。しかし、「覇権と実益と」を追求してきたアメリカは、イラク戦争前後に「覇権か実益か」で揺れていたのである。

5　帝国批判にも潜む帝国的エートス

単独行動主義を伝統からの逸脱ととらえるマン、ファーガソン、アイケンベリー、ナイが、多国間の協調関係を重視したクリントン政権へ何がしかの郷愁を抱いていることは明らかだ。しかしながら、民主党政権のアメリカが帝国でなかったかどうか、また、ブッシュが新保守主義者と手を組まなかったならば、いや二期目のブッシュが民主党のケリー（John Forbes Kerry）に代わっていたら、帝国主義批判は意味を失っていたのか。

グローバル化とアメリカン・パワー

ここでは、帝国主義と帝国を慎重に区別する必要があるのかもしれない。その違いに十分な注意を払った上で言うならば、アメリカが帝国と見られる原因は、ブッシュ政権よりもはるか以前にさかのぼる。

ポスト冷戦という広い文脈で捉え直すと、アメリカ外交は「必要であれば武力を使ってでも」自由と市場主義に基づく世界秩序を樹立するという目標を公式に掲げてきた。さらにその目標に沿う形で、国際機関を動かそうとしてきた。それはまた、共産圏の崩壊を覇権拡大の好機と捉え、政治、外交、経済、文化、科学技術などの様々な面でアメリカ的価値観の浸透を目指すという、九〇年代以降すべての政権の企てであった。

しかしながら、多くの論者が看破しているように、アメリカの言う自由と市場に基づくグローバル秩序は、実際にはアメリカの軍関係者、資本、企業、研究者、メディアが最大の受益者となるように構想され、維持されていた。ここでの問題とは、グローバリズムの名のもとでのネオ・リベラリズムの推進が、外来文化、とくに市場文化に対し脆弱な途上国へ破壊的な効果を及ぼすことだ。これを帝国的振る舞いと呼ぶことが許されるならば、その主体はブッシュ政権ではなく、現在のアメリカ合衆国そのものかもしれない。

なるほどアメリカに、今しがた紹介したような、帝国的振る舞いに対して「内部から抵抗する勢力」が存在することも忘れてはならない。しかしわれわれは、その抵抗勢力によるブッシュ批判の行間に帝国的エートスが漂うのを、はっきりと見届けることができる。

リベラルな帝国

実際に、マン、ファーガソン、アイケンベリーの帝国主義批判に共通する主題は、ブッシュの政策が長年に亘り築いてきた覇権とは相容れない点を、歴史や伝統に照らしつつ解き明かすことであった。

裏返していえば、アメリカが覇権を維持するのは自明かつ正当であり、帝国の衰退や放棄は、アメリカにとってよりも「世界にとって」不幸なこととみなされている。

ここで再び、マンの帝国主義批判に耳を傾けてみよう。かれは、現在が「アメリカ帝国の時代である」と言い切る新保守主義者の、「パワーに対する過信」を批判する。しかしそのさいに、アメリカが「国際連合に体現されるような善良で思いやりのある多国間主義者、いや平和主義者になるべきだ」と主張するわけでもない、と付け加えている。[*35] つまり、非難すべきは、ひとり帝国を台無しにしかねないブッシュの政策であった。「アメリカはやがて帝国主義事業を自発的に放棄するであろう。そうすれば、覇権のほとんどを維持することができる」とマンが言う時、かれは覇権の擁護者として立ち現れている。

ファーガソンも「世界は力のあるリベラルな帝国を必要としており」、「合衆国がその仕事を務める最良の候補なのだ」と述べて憚るところがない。かれはまた、アメリカが資本や投資の自由をもたらすリベラルな帝国であり続ける限り、各地の民族国家や自決政府よりもアメリカ政府の方が、現地の人々をいっそう幸福にできるであろうと言い切っている。[*36] アメリカから帰還した解放奴隷が憲法を制定し、共和国を樹立したリベリアを挙げ、当初うまく行った民主的政府が、アメリカからの自立を画策したことで「悪意の政府」に翻弄され、国が破綻した事例として紹介している。

マン、ファーガソン、アイケンベリーの帝国批判論の含意とは、各地域の民主化や市場化にとっての穏健なアメリカン・パワーの有用性、アメリカ的価値観の尊さ、そして「アメリカによる庇護」の必要性である。

自己犠牲的な帝国

きわめつけは、アイケンベリーであろう。かれの主著『アフター・ヴィクトリー』は、端的にいえば、戦後「ライバルのいなくなった」アメリカが「暴君になれたのにならなかった」のはなぜか、そして世界の安定がいかにアメリカによる自制のお蔭であるか、の論証に充てられている。

アメリカが恣意的にパワーを行使しても、「他国がそれを抑制し、制御することはほとんどなかった」。それにもかかわらずアメリカのパワーは、「脅威が薄く、抑制の効いた、アクセス度の高いものであった」。このためアメリカは、各国の充分な信頼と、統治の正当性を取り付けることが叶い、「世界政治秩序の中心に座り続けることができた」[*37]。あたかも、アメリカが悪事に手を染めなかったことに国際社会は敬意を払うべきだ、と言っているかの如くである。

アメリカの善意に対するアイケンベリーの想い入れは、ポスト冷戦の世界秩序構築に果したアメリカの役割を論ずるところできわまっている。いわく「アメリカのパワーの傲慢さに対する不満は、戦後期全体を通じてみれば常に小さなテーマに過ぎない」。アイケンベリーによれば、ヨーロッパ諸国が不満を抱いたのは、アメリカが他国を威嚇し、他国の行動に干渉したことに対してではなく、「アメリカが指導力を発揮するという明確な姿勢を示せないままいること」に対してであった[*38]。

さらに、『フォーリン・アフェアーズ』誌に載せた書評論文において、アイケンベリーは新保守主義者の帝国的理念はもとより、ジョンソンの「基地の帝国」、ファーガソンの「リベラルな帝国」、バーバーの「恐怖の帝国」、マンの「自家撞着の帝国」のすべてに反論を加え、そもそもアメリカを帝国と呼ぶことが根本的な誤りであると断じている。[*39]

合衆国が「周辺部の弱小国家」に対し帝国のように振る舞ったとしても、ヨーロッパ、日本、中国、ロシアとは、共に安全保障共同体を形成し、パワーによる威嚇を恐れる必要のない間柄を築いた。先進民主主義国との関係に注目するならば、アメリカは、単独では動くことができないほど利害、交渉、相互主義の網の目に組み込まれている。それゆえアイケンベリーにしてみれば、アメリカを帝国と呼ぶ輩は、大国間の平和や協調という「近年の最も重要な国際状況の進展」を見逃しているのである。

もちろん、アメリカ国内論争の文脈に置き直せば、ウォルフォウィッツの新保守主義とアイケンベリーの新制度主義では大きな開きを認めることができる。しかし、かれらの応酬をコンストラクティヴィズムの立場から解剖すると、すべては帝国的エートスというアメリカン・バイアスの掛かったフォーラムでの路線論争に過ぎなかったのでは、という疑問を拭い去ることができない。

おわりに

帝国主義というアメリカ批判が見えにくくしたものがあるとすれば、それはアメリカの独走を許すグローバル社会の側の脆弱な構造であり、平和と安定を望むのにアメリカの善意に頼らざるを得ないグローバル社会の姿であろう。そして、アメリカの覇権が映し出していたのは、アメリカの国内論争に振り回され、ブッシュ共和党政権によるクリントン民主党前政権への報復にまで付き合わされるグローバル社会の未熟さだったのかもしれない。

『混沌の帝国』を著したフランス人ジョックス（Alain Joxe）によると、アメリカはクリントン政権時代より、すでに「混沌の世界」の到来を予見し、それをアメリカン・パワーの拡大に利用するという意図を持っていた。ジョックスの見るアメリカは、グローバル化によって「バルカン化」されたゾーン、安全保障のジレンマが生まれた地域にいち早く乗り込み、軍事力をちらつかせて「調停者を演ずる」役者である。[*40] これを裏返して言えば、アジア、中東、ラテンアメリカ、中・東欧の各地域は、独力で秩序や平和を育む意思と能力に欠き、アメリカ帝国に活躍の舞台を差し出して、自らが悪役や脇役に甘んじていたことになる。

なお一部の人々にとっては、グローバル化に伴う混沌もまた、ネオ・リベラリズム、ニュー・エコノミー、ワシントン・コンセンサスという経済超大国発のイデオロギーによって増幅されていた。なぜならば、それらのアイデアは、他国の共和的な秩序、言い換えると政治的伝統そのものを弱体化させ、無政府な空間を作り出すほど強力だったからである。

国際社会の側の責任とは

アメリカの外交政策や国際経済政策、より広く言えばアメリカの世界とのかかわり方は、ある程度まで大統領をはじめとする政策エリート、政治家、シンクタンク、学者・研究者、ジャーナリストの作為の所産であろうし、その意味で、混沌の責任を帝国のリーダーたちに帰することは間違っていない。

ところが、アメリカが自由の国であるという自負は、合衆国の市民に帝国を運営しているという自覚を持たせないし、そればかりか、「世界で最も先進の民主主義」という意識は、アメリカ国民に自己の善意を確信させる。したがって、アメリカ人が「劣った民主主義国」と考える国々でアメリカ批判の声が挙がっても、アメリカ人の耳にまで届くことは稀だ。国際社会は、アメリカ帝国のステークホルダー（利害関係者）であるにもかかわらず、ほとんど帝国への参与を許されないのである。

それでも、アメリカ人の善意を確かめ、その保証を得るために、国連を中心とした国際社会がアメリカの説明責任を追及できるのなら幾分ましかもしれない。しかし、いまだ国際社会にはその力量がない。してみると、問われているのは、アメリカを除く世界の側の組織力であり、求められているのは、単なるアメリカ・ナショナリズムに対する批判ではなく、アメリカ人の善意や自己批判に頼ることなしに単独主義批判の論理を構想できる国際社会の力なのかもしれない。

注

＊1　Michael Mann, *Incoherent Empire* (London and New York: Verso, 2003), p. 43（岡本至訳、ＮＴＴ出版、二〇〇四年、五六頁）. なお、邦題は『論理なき帝国』である。

＊2　Tzvetan Todorov, *Le Nouveau Désordre Mondial: Réflexions d'un Européen*（Paris: Robert Laffont, 2003）, p. 53.

＊3　Ellen Meiksins Wood, *Empire of Capital*（London and New York: Verso, 2003）, pp. 143–163.

＊4　アメリカ合衆国を「先例なき帝国」あるいは「新しいタイプの帝国」として位置づける研究は多い。またその斬新さを言い表すため、リベラルな帝国、慈悲深き帝国、招かれた帝国、コーポレーションの帝国などの名称が用いられる。「リベラルな」側面を強く打ち出した解釈としては、以下を挙げておく。William E. Odom and Robert Dujarric, *America's Inadvertent Empire*（New Haven and London: Yale University Press, 2004）. なお、ポスト冷戦期のアメリカがスペイン帝国、オランダ帝国、大英帝国とどう異なるか、この点をめぐる論争を整理したものとして、拙稿「慈悲深き帝国」押村高編『帝国アメリカのイメージ――世界との広がるギャップ』（早稲田大学出版部、二〇〇四年所収）を参照されたい。

＊5　Richard Haass, "Imperial America", *Foreign Affairs*, November 2000; Andrew J. Bacevich, *American Empire: The Realities & Consequences of U. S. Diplomacy*（Cambridge MA: Harvard University Press, 2002）, p. 243. ベイセヴィッチによれば、いまアメリカが問うべきは「帝国になったか否か」ではなく、「どのような帝国になりたいと望むか」であった。

＊6　Richard Haass, *The Reluctant Sheriff: The United States After the Cold War*（New York: Council on Foreign Relations Press, 1997）. ハースの思想を知るには、ウォルフォウィッツの思想と対照させた以下の論考が有益である。中山俊宏「ウォルフォウィッツ的思考とは何か」『フォーサイト』二〇〇五年三月号、一三―一五頁。

＊7　Robert Kagan, "The Benevolent Empire", *Foreign Policy*, Winter 1998.

＊8　Charles William Maynes, "The Perils of（and for）an Imperial America", *Foreign Policy*, Summer 1998; Patrick J. Buchanan, *A Republic, Not an Empire: Reclaiming America's Destiny*（Washington, DC: Regnery Publishing, 1999）.

＊9　William Kristol and Robert Kagan, "National Interests and Global Responsibility", reprinted from the Introduction to *Present Danger: Crisis and Opportunity in American Foreign Policy*（San Francisco: Encounter Books, 2000）, cited in Irwin Stelzer（ed.）, *The Neocon Reader*（New York: Grove Press, 2004）, pp. 63–68.

＊10 Max Boot, "The Case for an American Empire", *Weekly Standard*, October 15, 2001.

＊11 新保守主義者の思想ならびにかれらとブッシュ政権の関係について言及した文献は多数あるが、本章で参照したのは以下である。Stefan Halper and Jonathan Clarke, *America Alone: The Neo-Conservatives and the Global Order* (Cambridge: Cambridge University Press, 2004); Irwin Stelzer (edited with and introduction by), *The Neocon Reader* (New York: Grove Press, 2004); Dan Plesch, "Neo-conservative Thinking since the Onset of the Iraq War", Alex Danchev and John Macmillan (ed.), *The Iraq War and Democratic Politics* (London and New York: Routledge, 2005), pp. 47–58. 久保文明編『G・W・ブッシュ政権とアメリカの保守勢力――共和党の分析』日本国際問題研究所、二〇〇三年、とくに第五章、中山俊宏「アメリカにおける保守主義台頭の力学」および第七章、高畑昭男「慎みある外交から先制行動ドクトリンへ」。

＊12 レオ・シュトラウスの哲学、とくにかれの「古典古代テクストの解読法」が新保守主義者の思想形成に及ぼした影響については、Anne Norton, *Leo Strauss and the Politics of American Empire* (New Haven and London: Yale University Press, 2004) が大胆な推論を交えて解説している。さらに、シュトラウス学派がアメリカの政治体制や政治実践に与えた影響については、Kenneth L. Deutsch and John A. Murley, *Leo Strauss, the Straussians, and the Study of the American Regime* (Lanham: Rowman & Littlefield Publishers, INC, 1999) が詳しい。

＊13 James Lindsay and Ivo Daalder, "It's Hawk vs. Hawk in the Bush Administration", *Washington Post*, 27 October 2002.

＊14 Lawrence Kaplan and William Kristol, *The War over Iraq: Saddam's Tyranny and America's Mission* (San Francisco: Encounter, 2003), p. iii.

＊15 Ibid.

＊16 The National Security Strategy of the United States of America, 17 September 2002 (邦訳「アメリカの国家安全保障戦略」『ネオコンとアメリカ帝国の幻想』朝日新聞社、二〇〇三年、二七〇頁).

＊17 この文書は、以下で公開されている。http://www.whitehouse.gov/nsc/nss5.html

＊18　Benjamin Barber, *Fear's Empire*（New York and London: W. W. Norton & Company）, pp. 24–26.

＊19　アメリカ国際政治学の重鎮ホフマン（Stanley Hoffmann）は、フセイン・イラクの反対派処刑の映像が人々に戦慄を与え、そのためアメリカ人が「国際秩序」より「中東の一国の体制変革」を重視するようになった、という興味深い分析を呈示している。Stanley Hoffmann with Frédéric Bozo, *Gulliver Unbound: America's Imperial Temptation and the War in Iraq*（Lanham: Rowman & Littlefield Publishers, INC, 2004）, pp. 48–49.

＊20　Pierre Hassner, *La Terreur et l'Empire: la Violence et la Paix II*（Paris: Édition du Seuil, 2003）, pp. 393–398.

＊21　Emmanuel Todd, *Après l'Empire: Essai sur la Décomposition du Système Américain*（Paris: Édition Gallimard, 2002）, p. 187（石崎晴己訳『帝国以後』藤原書店、二〇〇三年、一八五頁）.

＊22　Chalmers Johnson, *The Sorrows of Empire: Militarism, Secrecy, and the End of the Republic*（New York: Henry Holt & Company, 2004）, p. 78（村上和久訳『アメリカ帝国の悲劇』文藝春秋社、二〇〇四年、一〇一頁）.

＊23　Ibid., p. 288（邦訳、前掲書、三七〇頁）.

＊24　Michael Mann, op. cit., p. 197（邦訳、前掲書、二四三頁）.

＊25　Ibid., p. 103（邦訳、前掲書、一二四頁）.

＊26　Emmanuel Todd, op. cit., p. 190（邦訳、前掲書、一八八頁）.

＊27　Michael Mann, op. cit., pp. 83–84（邦訳、前掲書、八四頁）.

＊28　Stefan Halper and Jonathan Clarke, *America Alone: The Neo-Conservatives and the Global Order*（Cambridge: Cambridge University Press, 2004）, pp. 268–269.

＊29　Ibid., p. 304.

＊30　G. John Ikenberry, *After Victory: Institutions, Strategic Restraint, and the Rebuilding of Order after Major Wars*（Princeton and Oxford: Princeton University Press, 2001）, pp. 199–214（鈴木康雄訳『アフター・ヴィクトリー』NTT出版、二〇〇四年、二二五―二三一頁）.

＊31　Niall Ferguson, *Colossus: The Price of America's Empire*（New York: Penguin Press, 2004）, pp. 290–295.

＊32 Ibid., pp. 301–302.

＊33 "Promoting the National Interest", *Foreign Affairs*, January/February 2000.「国益に基づく国際主義を模索せよ」『ネオコンとアメリカ帝国の幻想』朝日新聞社、二〇〇三年、二四一―二六八頁。

＊34 Joseph S. Nye Jr, *The Paradox of American Power: Why the World's Only Superpower Can't Go It Alone* (Oxford: Oxford University Press, 2002), p. 158（山岡洋一訳、日本経済新聞社、二〇〇二年、二五五頁）. なお、邦題は『アメリカへの警告』である。

＊35 Michael Mann, op. cit., p. 12（邦訳、前掲書、一八頁）.

＊36 Niall Ferguson, op. cit., pp. 198, 301.

＊37 G. John Ikenberry, op. cit., pp. 269–270（邦訳、前掲書、二九二―二九三頁）.

＊38 Ibid., pp. 252–253（邦訳、前掲書、二七〇頁）.

＊39 G. John Ikenberry, Illusions of Empire: Defining the New American Order, *Foreign Affairs*, March/April 2004.

＊40 Alain Joxe, *L'Empire du Chaos: Les Républiques Face à la Domination Américaine dans l'Après-guerre Froide* (Paris: Édition La Découverte, 2002), p. 9–11（逸見龍生訳、青土社、二〇〇三年、一四〜一八頁）. なお、邦題は『〈帝国〉と〈共和国〉』である。

第八章　ナショナリズムと安全保障の相克

現代日本のジレンマ

はじめに

戦後の日米関係は、安全保障の観点から「覇権国家と半主権国家」の同盟[*1]と評される。戦後の日本外交も、日米という「二国間関係の偏重」という批判を浴びてきた。[*2]終戦から六五年以上、そして一九五一年の（旧）日米安全保障条約調印から六〇年以上たったいま、民主党政権を経てもこの構図は基本的に変化していない。

しかしながら、政治、外交、学術、安全保障の実務家が、「対米従属」という論評に何らかの痛痒を感じているように見受けられない。また、「アメリカともっと対等に付き合うべきだ」という意見を、外務省高官の口から聴く機会も少ない。それは、なぜなのか。

さらに、反米右派の「ナショナル・プライドの確立には日米関係の見直しが必要である」という主張や、反米左派による「東アジア共同体を見据えての日米関係偏重からの脱却」という提案が、さほど支持を獲得しているように思われないが、それは一体なぜなのだろうか。

本章では、戦後日米関係の代表的論者のディスコース分析を通じて、対米従属という批判が政策担当者の応答責任を生むことのない理由を、日本の戦後ナショナリズムの葛藤と、その元にある精神構造のねじれに注目して考察したい。

対米従属か

ナショナリズムにとっては屈辱的な評価であるはずの「従属」に、政策担当者がプライドの損失を感じない理由として、さしあたり以下の四つが思い当たるであろう。

一つは、日本人がこのことに「触れたくない」か、あるいは「考えたくない」からである。かりに脱米という形で日本の自立を構想すれば、憲法はもとより極東国際軍事裁判やサンフランシスコ講和条約を含めた戦後日米関係の全体、今にして思えば「かなり快適な時代」、いや「未曾有の繁栄の時代」についての見直しもまた避けられない。そればかりか、アメリカに頼らずに安全を確保するための現実的方法を、批判に耐え得る仕方で示さねばならないだろう。つまり脱米論者は、きわめて不利な立場から厄介な論争を引き受ける覚悟と勇気がなければならない。

第二に、ひとり日本人だけに日米関係が従属関係とは映っていない可能性もある。たとえば、安全保障問題には眼を瞑って、経済、民間、文化、科学技術の関係のみに注目するならば、人口でアメリカの半数に及ばない日本がアメリカと互角、いやそれ以上に戦ってきた実績があった。貿易摩擦が問題となり、アメリカで周期的に日本叩きの声が上ったのは、バランスシートで日本がより多くの利益を得ていた証拠であろう。

日米関係を「世界で最も重要な二経済大国間の関係」と捉えれば、それが非対称なままであったわけではないことも明らかとなる。政権奪取時の鳩山由紀夫元首相や民主党の「より対等な日米関係」というスローガンに熱狂しなかったのも、そして、何より民主党の外交方針に外務省が協力的でなかったのも、そのような意識が共有されていたからかもしれない。

さらに第三の可能性としては、台頭する中国の後塵を拝するくらいならアメリカに従属しているほうがまし、という意識の作用が考えられよう。アメリカと同盟を継続しなければ、たちどころに「中国、ロシア、インドなどの大国といかにバランスをとるか」という厄介な問題に、独力で取り組まねばならなくなる。いやそうでなくとも、東アジア諸国に軽視される恐れが出てくる。そこで国家的独立を維持するために、アメリカとの同盟を主体的に選び取り、冷戦終焉後も日米安保を維持、活用してきたというものである。

そして第四に、日本が対米従属を「安価な安全保障」の代償と考えて、「甘んじて受け入れている」可能性もある。安全保障や主権の面での従属が明らかでも、北朝鮮ミサイルなど脅威への対処をアメリカに任せ、資源を安全保障以外に傾斜投入することで、プライドの損失を補って余りある経済成長がもたらされれば、その選択は国益に適っていることになろう。

戦後日本人のこのようなメンタリティー、とりわけ経済に偏ったプライドについては、その由来をダワー（John W. Dower）の次の一節がうまく説明している。

日本は軍事的にワシントンの指図に従属しているがゆえに、外交的にもいやおうなく従属してきた。そうである以上、戦後ナショナリズムを満たすべく日本の指導者たちに残された唯一の現実的方法は、経済面にしか存在しなかった。日本人がひたすら経済成長を追求した背景には、みずからの脆弱感への抜きがたい自覚とともに、ナショナル・プライドを求めてやまない、敏感で傷ついた心情があった。[*3]

本章の分析手法

本章の主題は、日米関係そのものの分析では必ずしもない。かわりに著者は、対米従属という批判がなぜ生産的な論争空間を生まないか、また、そのような批判がなぜ現状の変革には結びつかないのかを、ディスコースとそこに表われた精神構造を分析することで解き明かしてみたい。

「日本がアメリカに追従しているか否か」の判断は、実証に耐え難い「語り手の主観的な判断」による部分が多い。したがって、安全保障上の問題とはいえ、右のような問題を論ずる場合に、国際関係を「モノ（権力や経済）の関係」に表われた「現実」として取り扱うアプローチはさほど有効とはいえないだろう。そこで本章では、現実もまた「心的な状態がもたらす結果」であるとみるコンストラクティヴィズムを手掛かりにして、親米、従米、脱米、反米のディスコースに切り込むこととしたい。

1　はじめに占領ありき

いずこにおいても、直近の戦争の記憶が国民の道徳観、いやそればかりか世界観を構成する。戦後六五年以上経た今日でも、政治や外交のディスコースは、第二次世界大戦にまつわる教訓で満たされている。たとえば入江昭によると、日本人は敗戦によって、「アメリカ人を怒らせることは重大な間違いである」ことを思い知らされ、「ましてアメリカと戦いを交えるなど論外である」と考えるに至った。[*4] この意味で、まずアメリカの意向と機嫌を伺うことは、日本の外交政策の「黄金律」なのである。

吟味のないアメリカ受容？

アメリカは、第一次世界大戦まで勝者が必ず加えていた仕打ちを繰り返さなかったばかりか、ソ連の脅威から日本を救ってくれた。したがって、アメリカ人による「史上まれにみる寛大な占領[*5]」を経験した日本人に、勝者への憎悪は生まれにくかった。軍国政府の指導者は「われわれに鬼畜米英と教えました。空から爆弾を落として、つぎつぎとわれわれの町を焼いたのですから、指導者の教えは正しかったと考えても不思議はなかったのですが、アメリカを憎むという気持ちになりませんでした」[*6]。なぜだろうか。戦中の厳しい生活から解放された安堵感からか、それとも、軍部独裁が終わった喜びからか。いや、アメリカ人に敵意を抱くことがなかった理由として『日本人はなぜ日本を愛せないか』の著者である鈴木孝夫は、二度の原爆投下や無差別都市空爆などのアメリカ軍の日本に為した残虐行為が、かつて大英帝国が植民地に加えたような「長期にわたる植民地化や直接占領による人的社会的な被害」ではなかった点を指摘する[*7]。

「不戦条約」(ケロッグ゠ブリアン条約)の精神を汲む新しい正義観の実験材料として、日本の憲法や戦後政治は用いられた。それればかりか、一九四一年からの戦争も東京裁判で「事後法」によって「悪い戦争」として裁かれた。しかし日本人は、「敗戦国としてその程度のことは当然だと思っていた」のである[*8]。一九四八年の「ベルリンの封鎖」を耳にした日本人は、戦争に負けたことの屈辱より、アメリカ一国に占領されたことの「幸運」をいよいよ感ずるまでに至っていた[*9]。

くわえて、アメリカの占領目的と民主化指導プログラムが、日本における反軍国主義者の抱き続けた理想に合致したことも、アメリカの指導を「進んで」受け入れる要因を作ったといわれる。事実、共産党でさえも、占領軍を「解放者」と呼んで憚らなかったのである[*10]。佐伯啓思はいう。「アメリカの上からの改革と、(丸山真男らを中心とする)進歩的知識人による下からの民主化が見事に重なり合った」[*11]。このようにして敗戦の不覚の克服と、他国の力を借りた社会改造に熱中するうちに、いつしか日本はアメリカ・モデルを「必要以上に」摂取していたのである。

長尾龍一によると、マッカーサーの抱いた「フィリピンで余り実現しなかったアメリカ化の理想を日本で達成しよう」という目論みは、「日本をキリスト教化する」ことを除けば「過剰達成された」。たとえば戦後の法制改革を指導した民政局法務課長アルフレッド・オプラー（Alfred C. Oppler）は、自分たちが手掛けた法典のうち「廃止の憂き目に遭った法典が一つもないことに、深い満足を」覚えていたという[*12]。佐伯は、このような戦後日本のエートスを「抵抗や吟味のない」アメリカ受容という言葉で総括している[*13]。

アメリカを巡る日本国内のゲーム

アメリカの実情を良く知る論者たちは、むしろ日本の政策担当者の思考の中に、アメリカへの「過剰な同化傾向」を認めている。

猿谷要は、「日本の外務省が平均的アメリカ人よりもっとアメリカ的である」点を指摘する[*14]。小泉純一郎元首相の外交政策は、「アメリカ側も驚くほどの対米協調」という評価を受けていた[*15]。このように、日米協調を重視する国内政策、外交政策の由来をたどってゆくと、アメリカを愛好する日本国内の人物や団体に突き当たる。外交は国内の政治ゲームでもあるが、アメリカというカードは、このゲームを制する切り札となるのである。しかもそれは、親米派だけの武器であるとは限らない。

たとえば、アメリカによる「外圧」さえ日本に不利益をもたらすわけではないと解釈する者もいる。日本が加えられていた圧力は、「経済的な側面から見ると良い外圧」だからである。「グローバリゼーションはもとより、企業会計の明確化にしても、ペイオフの実施にしても、日本が出遅れている分野」であった。そこで、「日本の国際競争力の強化」は、アメリカの外圧をもってするほかないのである。[*16]

2 自主防衛という理想と戦争嫌いという現実

アメリカ兵三万人以上が常駐し、沖縄県土の一一%がアメリカ軍の基地に供されており、しかも横田基地のアメリカ人航空管制官が「日本の首都の上空を占領していても」[*17]、日本人の多くは「主権の喪失」と感じない。国連安全保障理事会の常任理事国入りを果たせないことでドイツとともに屈辱感を味わった日本、しかし同じ日本は、一九九三年に地位協定改訂で外国軍の基地使用へも国内法の適用を決めたドイツと異なって、主権回復を外交日程に載せることはなかった。

米軍基地とナショナル・プライド

この「自身のふがいなさ」に対する憤りの声は、文化人、知識人から挙がり始めた。江藤淳は七〇年代に早くも、アメリカ軍基地が日本人の精神面に及ぼす悪影響を懸念していた。「なにをやっても

〈ごっこ〉になってしまうのは、戦後の日本人の自己同一性が深刻に混乱しているから」だという。

もとより「自衛隊をたどって行くとアメリカ軍の極東戦略にぶつかり、アメリカの核の傘に出逢うように、われわれの意識と現実のあいだには、つねにアメリカというものが介在している」。アメリカが日本人の意識と現実を隔てるクッションの役目を果たしているために、「戦争も歴史も、およそ他者との葛藤のなかで味わわれるべき真の経験は不在であり、逆にいえば平和の充実感も歴史に対立すべき個人も不在である[*18]」。

岩國哲人いわく「アメリカの陸軍、海軍、空軍、海兵隊、この四種類の軍隊をフルコースでそれぞれ千人以上の規模で全部置いている国は世界中で日本しかない」。岩國は、これでは日本が「独立国家とは言えない」し、常任理事国どころか「国連へ加盟する資格さえない」と述べている[*19]。その岩國は、日本人に国家の安全という概念が希薄である理由として、「外国の軍隊がいるから安心」という意識を挙げた。

一方、岩國と同じく実業家生活の長かった寺島実郎によれば、日本が独立国家でありたいと望むなら、「外国の軍隊の駐留のない安全保障の仕組みを模索することは当然の基軸」なのである[*20]。

自主防衛か、防衛放棄か

アメリカ軍が日本に駐留し続ける実質的な理由として、独力で防衛を達成しようとすれば平和憲法の改正が必至となる点、さらに、そのために大きな軍備を抱えればアジア近隣諸国を刺激する点が指摘される。しかしそれでは、アメリカや近隣諸国の「日本の軍国主義化」に対する警戒心が解ければ、自前の防衛への展望が開かれるのか。

世界六〇カ国（各国一〇〇〇人以上）の国民の価値観を調査した『価値観データブック』（日本版二〇〇四）には、このことを考えるさいの重要なヒントが隠されていた。「もし戦争が起ったら、国のために戦うか」という質問に「はい」と答えた日本人の割合は一五・六％（アメリカは六三・三％、ドイツは三三・三％、イタリアは五一・八％）で、六〇カ国中最低であった。

日本人には、自国が「世界で最も長い安穏平和な歴史を持って」おり、また「どこの国からも侵略されずに滅ぼされそうになったこともない」という意識が根を下ろし、これが日本の「永遠不滅性」や「不沈戦艦幻想」を生み出している。[*21] もし国民が、戦争を憎むばかりではなく、心の奥底でそのような楽観を抱いているとすれば、軍事的な自立に向けた政策は、民主主義下の国民の支持を得られそうにない。右の数値から推し量る限り、アメリカ軍が日本を後にしたら、兵器や兵員の量を数倍にして有事法制を完備しても、自主防衛は成り立たないことになる。

つまり、親米右派が日本自立論に懐疑的なのは、それが、自主防衛アイデンティティの確立ではなく、「防衛そのものの放棄」につながることを憂慮しているからにほかならない。その意味で、かれらにとって反米論者とはすなわち「亡国論者」なのであった。ここにまず、日本の自主防衛とナショナル・プライドの第一のねじれがある。つまり、ナショナル・プライド（アメリカからの自立）を回復しようと欲すれば、独立をサポートする防衛意識を国民に期待しなければならない。しかし今の日本でそれは、不可能なことを待望するのに等しい。

3　番犬か、それともカウンターバランスか

日米安保堅持派の主張は、日本がアメリカに従っているわけではなく、「主体的に選び取って」アメリカと仲良くしている、というものである。「結果としてアメリカと同じことをする」とすぐ「アメリカ追従」と決めつける反米論者に対し、古森義久は切り返している。「日本は戦後、日本独自に考え自主的に判断し、その結果最善だと思われる選択をしている」。日米安保にしても、日本国民が自主的に決めてきたことであり「嫌ならばいつでも廃棄できる」[*22]。

アメリカを使いこなす

『防衛白書』を紐解くと、自国の意思と力だけで平和と独立を確保することは、「人口、国土、経済の観点からも容易ではなく」、また、「わが国の政治的姿勢として適切とはいえず、必ずしも地域の安定に寄与するものではない」と記されている。したがって、日本は、「基本的な価値や世界の平和と安全の維持への関心を共有し、経済面においても関係が深い」アメリカ、かつ「強大な軍事力を有する」アメリカとの同盟関係を維持し、その抑止力を「有効に機能させることで」、安全を守るというのである（『日本の防衛──防衛白書』平成二四年版）。

「日本の国益増進という大目的があって、それを達成するための手段としての良好な日米関係がある」[*23]のが真実だとすれば、アメリカのイメージは日本の国益のために使いこなせる「番犬」（吉田茂）や傭兵に似ている。しかもこの番犬は、二重の働きを買われて飼い主に仕えている。すなわち、ミサイルや外国軍が侵入しないように周囲に睨みを利かすばかりではなく、飼い主が邪な心をおこさないように監視し、アジアの近隣住民にも安心感を与えてきた。現実主義者にとって、これをアメリカ追随だの対米従属だのと批判することは、「親ソ、親中、親北の左翼勢力が繰り返してきた決まり文句」[*24]、つまりはイデオロギー的な宣伝に過ぎない。

力強い反論ではあったが、そのような親米ディスコースがこれまで「生き残ること」以上の日本の目的（国益）が何か、という問題に答えてくれたことは余りなかった。そこで親米リベラルの中には、日本におけるアメリカ論争過多の傾向と、「国益」の観念の欠落を指摘する論者も多い。たとえば、竹中平蔵のいう外交とは「ガバナンス」であり、「ガバナンスの基本構造にあるのは国益」であった。国益とは何で、それを実現するにはどうすればよいかを考えるのが外交の基本であるが、まずアメリカとの協調ありきの「日本では、その議論が根本から抜け落ちてしまっている」[*25]。

アメリカを説得する？

番犬アメリカは、もはや飼い主の手を噛む恐れはないとしても、イラク戦争時のように、ときに暴走の気配を窺わせる。そのような場合に、日本はどうすればよいのか。

元駐米大使加藤良三の解答は、「もっとアメリカに近づいて、中に飛び込んで、説得する」[*26]というものだ。一方、駐米公使の経験を持つ阿川尚之によると、日本が「単独主義を理由にアメリカから離れるのは正しくない」。彼らの行動を軌道修正したいと望むなら、「アメリカともっと行動をともにし、利害をともにし、あえて言えばどんどん議論をし、喧嘩をすべきだ」[*27]。

しかしアメリカ人は、日本を対等な大人として認め、本気で喧嘩相手をしてくれるのであろうか。一九九九年「朝日―ハリス日米共同世論調査」の報告によると、「在日アメリカ軍の役割は何か」という問いにアメリカ国民の四九％が「日本の軍事大国化を防ぐため」と回答し、三四％が「アメリカ世界戦略のため」と回答していた。ここには、番犬や傭兵のイメージとは似つかぬアメリカの姿、そして飼い主や雇い主のイメージとは似つかぬ日本の姿があった。この結果を見た寺島実郎は、日本人は「本人が大人だと思っているが」実は「子供なのである」と結論した[*28]。

対中戦略としての日米同盟

ところで、アメリカへの依存は望ましいことではないが、軍事的手足を捥ぎ取られた日本が脅威に対処するため「どこかを頼りとしなければならない」のであれば、頼るべきはアメリカをおいて他にない。親米によるこのような論法も、一種の有効活用論である。

文化的には必ずしも親米とは思われない中曽根康弘首相（当時）は、一九八三年に国会で、「ソ連の膨大な軍事力、あるいはその他の膨大な軍事力に対して日本独力では対処できないし、憲法上の制約」もあるので、日本はアメリカと提携し「両方の総合的力で抑止力を形成して戦争を防止」すると答弁した。[*29]

もちろんソ連という脅威が過ぎ去った現在も、日本には警戒すべき対象が残っている。細川内閣で防衛庁長官を務めた愛知和男は、「日本一国で中国と向き合ったらとてもかなわない」とみる。アメリカと組まなければ日本は中国の一部になり、「今度は中国の言いなりになってしまう」。[*30] そのすぐ後で愛知は、日米関係というのは「まさに日本にとっては対中外交」だと加える。つまり、自由主義国かつ価値多元国であるアメリカは、同盟国を従えることはあっても、文化的に束縛することはない。しかし、中国は不確実性の国であり、また対外政策も威圧的で相手国を対等とはみなさない。政策過程が透明で、かつロビーを通じて圧力を掛けやすいアメリカと組む方が容易い、というのである。

このような「中国よりアメリカ」という主張を援護するために、戦前、戦中の「日本の過誤」まで持ち出されることがある。すなわち、第一次世界大戦前後に日本は、世界を睨んだ海洋国家的発想から英国と連携した。しかし、大陸に色気を示し、陸軍的発想から大陸制覇を目論んだ時、道を踏み外した。この教訓は、日本にとって「海洋国家アメリカ」との同盟が最善だというメッセージを今に向け放っている。[*31]

実は、アメリカも日本のこのような立場を熟知し、自らの役柄を考えて立ち回っていた。地政学的な現実主義者S・ハンチントンは、日本との関係を次のように分析した。「ナンバー2の地域大国(日本)は、ナンバー1の地域大国(中国)との対立をめぐって、アメリカの支援を取り付けることを自己利益と見なしている」。したがって、日本が「採り得る分別ある態度とは、国際関係の専門用語でいえば、アメリカとのバランスを築くことではなく、バンドワゴン」なのである。[*32]

アメリカに、このような認識で動く政策担当者が大勢いたとすれば、かれらは「日中の対立」を望み、「日中の融和」を嫌うに違いない。これを第三国の眼から見れば、日本は完全にアメリカの「術中に嵌っている」ことになろう。このナンバー1（中国）とナンバー2（日本）の「脅威ゲーム」を眺めたマハティールは、日米安保と日中関係の矛盾について、次のように述べている。周辺国が中国に脅威を感じるほどに、「過去の不平等条約の記憶」から外国の虐待を受けやすいという教訓を学んだ中国も、「アメリカやアジアの伝統的なライバルに対し恐れをなしている」。その結果、「日本が中国を脅威に感じれば感じるほど、中国は日米同盟に脅威を抱く」のだと。[*33]

4　巻き込まれないように、見捨てられないように

五〇年以上に亘り築かれた信頼の絆にもかかわらず、アメリカとの同盟が国益にマイナスに働く場合が二つある。その一つは「アメリカの世界戦略、とくに軍事戦略に日本が巻き込まれる」ことであり、二つは「日本がアメリカに見捨てられる」ことであった。[*34]

これまで、外交アイデンティティ確立へ向けた努力とみなし得るものが為されたとしたら、それは、この「両者をともに避ける」ために費やした苦労であったと言えよう。たとえば五百旗頭真はある座

談会で、「アメリカが困った戦争をやり過ぎた時にわれわれはどうしたらよいのか、ということはたいへん悩ましい問題になる」と述べた。その後で、アメリカが北朝鮮や台湾などの「いろいろな問題であまり介入したがらないようになったとき」これまた日本にとって難しい問題になる、とコメントしている。[*35]

日本人の本音

このような二重の懸念は、世論調査でも裏付けられていた。二〇〇一年の読売新聞の世論調査報告で、「日米安全保障条約の維持が日本の利益になるか」という問いに「ならない」と答えた人の割合は六・八％であったが、そのうち六四・九％が理由（複数回答可）として「アメリカの軍事行動に巻き込まれる恐れがあるから」を挙げ、基地騒音および米兵犯罪（五三・一％）や駐留維持費の負担（四〇・九％）を上回っていた。[*36]

湾岸戦争の直後一九九一年六月に行われた世論調査では、「日本の安全にとって脅威を感じる国」はどこかという問いに、アメリカを挙げた人は実に二四％に上り、ロシア（ソ連）の二一・八％を超えた。[*37] つまり、日米安全保障条約が支持されているのは、「火の粉の降りかからない保証のある場合に限って」であることが窺われる。

さらに、同じ読売新聞社の日米共同世論調査結果によれば、日米関係が「悪い状態にある」と回答した者の割合はつねに日本側が多かった。たとえば、八〇年には日本側一三・三％に対しアメリカ側三・一％、九〇年には日本側一九・〇％に対しアメリカ側七・九％、そして二〇〇〇年には日本側二二・一％に対しアメリカ側三・九％である。[*38] この大幅な開き具合から、「応分の責任を果たしていない」「経済的には利益を得すぎている」という日本人の自責と、「見捨てられるのでは」という焦りを読み取ることができる。

イラク攻撃にさいして

かつて吉田茂は、日本国憲法をアメリカの軍事戦略に「巻き込まれないため」の防波堤とみて、憲法の改正に消極的であった。この平和憲法と「唯一の被爆国」というフレーズが、アメリカの日本に対する再軍備要請、自衛隊派遣要請への歯止めとして利いたことは疑いない。

とはいえ、アメリカが「困った戦争をやり過ぎる」というシナリオは、少なくとも「イラク攻撃」以前の日本政府筋には描かれていなかったように思われる。冷戦中は、国際社会とアメリカが対立する恐れ、またアメリカ側に付くことが国益を損なうという可能性もほとんど検討されていなかった。なぜならばアメリカは拒否権を保有し、国連がアメリカの意図に反して行動することはできなかったからだ。

川口順子外相（当時）は二〇〇三年、衆議院予算委員会でブッシュの先制行動ドクトリンについて見解を問われ、ブッシュ・ドクトリンに基づいてアメリカが行動を採るとしても、「アメリカは当然に国際法に合致した行動を採ると考えている」と答弁してしまった。[*39] 九・一一事件以降アフガン攻撃までアメリカが見せた国際協調の姿勢に惑わされ、情勢を読み誤った証拠と捉えるべきものである。しかし見方を変えれば、イラク戦争を巡る国際社会とアメリカの対立は、日本政府にとって、かくも意外かつ判断の難しい局面だったということができよう。

5　アメリカにとって「守り甲斐のある国家」であり続ける

一九九七年の日米共同意識調査において、「日本が武力攻撃を受けた場合、アメリカは日本を軍事的に助ける（米側：助けるべき）と思うか」という問いには、日本人の六六・四％が「助けると思う」と回答している。しかし、アメリカ側で「助けるべきだ」と回答した割合は四八・九％にとどまった。[*40] やはり、日本の振る舞い如何では見捨てられる可能性あり、と判断すべきかもしれない。そこで「どのようにすれば見捨てられないか」を考えることが、外交政策の重要な課題の一つとなるのである。

日米安保維持のための主体的努力とは

外務省に、「追随」したわけではなく主体的に同盟を機能させたという自負があるとすれば、それは過去に「見捨てられない」ためのすさまじい「主体的努力」を行ってきたからにほかならない。

たとえば一九八〇年の外務省文書「安全保障政策企画委員会第一ラウンドとりまとめ骨子」を見る

と、重要なことは「日本の喪失がアメリカのヴァイタルなインタレストに関係するとの認識をアメリカに持たせて、わが国が万一の場合には、アメリカがわが国を防衛に値すると考えるような」日米関係を維持、強化することだ、と記されている。[*41] 要するに日本は、「アメリカが日本を守ることがアメリカの利益にも沿うと、アメリカに思わせておかなければならない」のである。[*42]

その意味からいうと、日米同盟墨守派にとって、過去五〇年のアメリカとの経済摩擦は頭痛の種であった。六〇年代の繊維・鉄鋼摩擦、七〇年代の農産物・工作機械摩擦、そして八〇年代の半導体・自動車摩擦は、アメリカ国内で日本叩きや「修正論」(日本は異質であって、アメリカの脅威になり得るという見解)を誘発したが、このとき彼らは「見捨てられる悪夢」を描いたに違いない。米国からの批判に臨んで、日本は、「総合的安全保障」とのリンケージから、官民が協力しての輸出の「自主規制」で対応することが多かった。そのような慎重な対応の背景にも、「悪夢を避けたい」という意識の作用を認めることができよう。

とはいえ、経済摩擦についていえば、失われた一〇年といわれる九〇年代日本の経済スランプの皮肉な効果で、アメリカ国内の「日本脅威論」が後退するとともに、この懸念はやや遠のいたと解釈すべきかもしれない。

ほどほどに強くなる

アメリカが日本を「守り甲斐のある国家」とみなし続けるためには、単なる追従では不十分だと考える向きも少なくない。かれらは、日本がフリーライダーまがいの振る舞いを止めて、応分の責任を肩代わりし、しかもある程度軍事的に「強く」ならなくてはならないと考えている。

西尾幹二は今日「アメリカが日本を守ろうとするたった一つの動機」が、「中国との対抗意識」であると説明する。しかし日本が「頼りない国家であり続けるならば」アメリカはアジアの問題を中国に委ね、また北朝鮮の核問題が解決されれば東アジアに関心を失い、「すでに負担に感じている日本の防衛から手を引くかもしれない」[*43]。

とはいっても、見捨てられないために「ほどほどに」強くなる、というのは容易なわざではない。ロジックも無しにただ縋るという行為が、逆にアメリカに飽きられる原因を作る、と指摘する者さえいる。「はっきりと理論的に反対する国に対してだけ」敬意を払うのがアメリカだとみる猿谷要は、「いつでも言う通りになっている」国をアメリカが「心の奥で軽視し、軽蔑している」と述べ、アメリカに物申すという姿勢のない日本外交の効果を疑っている[*44]。

アメリカからの「タダ乗り」という批判に対し田久保忠衛が漏らした「日本が〈防衛に全力投球しましょう〉などと本気で言おうものなら、アメリカが猛烈に反発し、慌てふためくことは眼に見えている」[*45]という一節が、アメリカとの距離の取り方の難しさを物語っている。

6　真の主体性の確立とは何か

いつの日か日本は、「覇権国家と半主権国家の同盟としての日米同盟」や「モノ（基地）を出す日本とヒト（軍隊）を出すアメリカの関係としての日米安全保障協力」[*46]という評判を返上することができるのか。さらにまた、同盟関係の片務性を双務性に改めることは、ナショナル・プライド確立の一歩となり得るのか。

条件付きの親米派の加藤紘一は、アメリカとの二国間安全保障条約というのは、「所詮、主従の関係でしか成立しない」と言い切る。したがって、その維持はつねにナショナル・プライドの欠乏を伴うことになる。[*47]してみると、結局この問題は、「ナショナル・プライド」と「安全保障」という他国では矛盾するはずのないものの矛盾、ということになるのであろうか。

自立の強行手段

ナショナル・プライド派の代表は、やはり江藤淳であった。七〇年代初頭に江藤は、日米を対等な関係にすることがすなわち自己同一性の回復であるとした。江藤は、脱米と安全保障の両立の困難さを見抜いた上で、次のような自立案を呈示してみせる。

すなわち、アメリカ軍に「漸次撤退をお願いする」。それは「日本人の自尊心にささったとげを引きぬく」ことである。アメリカが受け入れなければ、日本は「核武装をほのめかす」。とはいっても、実際に核開発を行う前に、アメリカは日本の意気に負け譲歩する。江藤によると、そのとき「はじめて戦後の日米関係は、政治・軍事・経済の三つの分野にわたって均衡のとれたもの」となり、かつての日英同盟に似たat arm's length（互いに適度な距離を保ったまま）の関係に更新される。[*48]

一方、反米保守を自認する西部邁は、ナショナル・プライドと日米安全保障協力を両立させるための条件として「正規軍の保有」を掲げる。日本は「外国と軍事協定を結ぶ前に、自分の軍隊を持ち」、まず「攻めるか守るか、押すか引っ込むかを計算」する。「その一環として、アメリカとまあまあ手を結べそうだから安保条約を結ぶ」というのが、「あるべき姿」だ。[*49]

脱米あるいは自立は、それほど難しく、正規軍保有、核武装の勇気と決断を要することなのか。親米派は脱米派に対し「現実的な代替ヴィジョンを示せ」と迫る。しかしキャロル・グラックによると、脱米派には「特別の勇気もヴィジョンも必要としない」。[*50] ただ、国際社会の動きに同調し、アメリカの対イラク戦争にノーといい、フランスやドイツの訴えかけに呼応すればよかったのである。このように、脱米左派が目指すのは、「二国間主義」からの脱却をはかり、また日米関係の「代償」としての近隣諸国との希薄な外交関係に思いを致し、さらに日本外交の重心を東アジア中心の多国間的な枠組みにシフトさせることであった。[*51]

経済面からいえば日本はアメリカと互角かあるいはそれ以上であり、自立の梃子としてアメリカに「牽制をかける」ことができる。そう考える論者もいる。日本はアメリカの公的債務を握っており、「日本政府当局者たちはアメリカの政策担当者たちに脅しをかける」手段を得ている。つまり、日本が「アメリカ国債を叩き売り、それによってアメリカ市場を掻き回し、アメリカの金利を上昇に追い込むことも、やろうと思えばできる」。[*52] ナショナル・プライドの確立のみが課題ならば、アメリカの恐れに乗じて、脅しとして、あるいは「実際に」このカードを使うオプションも残されている。

親米派にとっての主体性の確立

しかし親米派は、脱米派のこのような企てを思い止まらせるほど雄弁な反論を準備していた。それはすなわち、侵入する敵の前哨基地を叩くことも憲法で禁じられている日本、いや核ミサイルの標的とされている日本が他国から攻撃を受けた時に、「自ら血を流してでも日本を防衛する国はアメリカだけ」というものだ。

かりにアメリカとの関係が、同盟維持が困難なほど険悪になった場合、北岡伸一の考える「残る理論的な選択肢」は、「自衛隊の規模と能力を大幅に増強した上での武装中立」か、あるいは「アメリカ以外の国との同盟関係」であった。北岡は、それらのいずれも現実的ではないとして退ける。[*53]その北岡によると、北東アジア諸国の信頼醸成と日米同盟による安全保障の確保は、「日本の自立」という角度から見て、矛盾のない二つのベクトルであった。

親米派にも、脱米派とは違った意味における「主体性の確立」というディスコースが存在する。京大で高坂正僥の薫陶を受けた前原誠司が、「外交・安保政策のコペルニクス的転回」を『論座』（二〇〇三年一一月号）に寄せていた。北岡と同様「現実的に考えれば」日米安保以外の選択肢がない点を論証しながらも、前原は、今の「日本の防衛体制がアメリカに依存し過ぎている」と読む。それでは、依存し過ぎない関係とは何か。それを前原は「基地の提供でアメリカに与えてきた同盟関係の必要性に、違った価値を付け加えること」と説明している。

前原のいう付加価値とは、日本もマラッカ海峡、インド洋、ペルシャ湾で「アメリカ軍に任せきりになっている」海上交通路（シーレーン）防衛を担うことであり、また集団的自衛権を保有するだけでなく、行使できる状態にもってゆくことである。かれの考える主体性の中身は、「子供が父親を助けて一家の責任を荷う」のと同じであろう。父親としてのアメリカがあらぬ方向に家族（同盟国）を導く場合、子供はいったいどうすべきか。前原の解答は「アメリカに国際協調を促し、説明責任を求めよ」であった。

内容的には「日本の自立」ではなく、「日米安保の主体的維持」というべきものだが、これを前原が「コペルニクス的転回」と銘打たねばならなかったところに、日本の政策転換の困難さを見てとることができよう。

おわりに

親米右派が論ずるように、なるほど日本の外交官、政治家が「アメリカに追随している」というのは真実ではない。なぜならば、「追随」がそれなりに「意思」に基づく行為であるのに対し、現下の状況は必ずしも意図してもたらされたわけではないからだ。事実、戦後のディスコースの中に「アメリカに追随しよう」といった内容を見出すことは難しいし、実際に親米現実主義者の多くは、ジョージ・W・ブッシュのアメリカが単独行動主義で突っ走ったさいに、アメリカを「諫める」か「説得する」よう提案していた。

日本外交が「アメリカ追随」というそしりを受ける本当の理由は、外交方針や外交理念が適切でないことにではなく、日本がそもそも「政策を変更する意思や能力」を持てないことにあるのかもしれない。

既存のシステムを変革するさいには、それなりのロジックや大局的判断が要求される。ましてや外交ともなれば、一つのポリシーを他で置き換えるのに、新たな構想を生み出すための時間と労力、そして論争を費やさねばならないし、外務省改革を含め多くの駒を配置し直し、政治と国民を動員することも必要である。しかるに、慣性で物事を処理するのにロジックはいらない。なされてきたことをそのまま踏襲すれば、「失敗の責任」のすべては伝統や因習に帰することができるからだ。これまでの日米関係がそのような慣性で動いてきたことは否定できないであろう。

政策担当者や外交官が「アメリカ追随」という批判にほとんど痛痒と応答責任を感じないのは、それを「自らの責任ではない」と考え、その責任を「資源小国」「敗戦」「戦争を放棄した憲法」「吉田ドクトリン」などに帰しているからである。意図して行ってきたことを「止める」のはさほど難しくはないが、慣性の「しがらみを断ち切る」ことは思いのほか難しい。

同盟を支えてきた日本の現実主義

その慣性を論理的に補完してきたのが、日本特有の現実主義であった。もとよりヨーロッパ近現代の「戦略的」な現実主義は、平時に「可能なオプションを能う限り多く持っておく」ことを目指し、有事に一つの原則に拘らずに「深慮遠謀」(prudence)で可能なオプションから最善のものを「選び取る」ことを本領とする。[*54] しかるに日本の現実主義は、「他に選択肢がない」という「宿命論」に向けてオプションを限りなく狭めてゆく。代替オプションの探求のために割くべき労力を、「反米論者を叩くこと」「観念論者を叩くこと」に費やし、思考や議論を「現実的には日米安保しか選択肢がない」という一点に収斂させるのだ。

元駐米大使の語った次の一節ほど、日本の現実主義の性格をはっきりと示すものはないだろう。

> アメリカが性にあわないという感想をもつのは、個人の自由です。しかし国家としての利益を考えたとき、アメリカから離れて失うものこそあれ、得られるものは何もないと思います。日本が安全保障面、経済面で本当に困ったとき、果たしてヨーロッパが本当の意味で力になり得るのでしょうか。仮にも、アメリカの影響力・存在感が薄れた中東が日本の国益によりよく合致する中東になるというのでしょうか。[*55]

解消して「失うもの」と継続させて「失わないもの」とを比較するならば、国益の中身や外交のロジックについて深く考えるまでもなく、日米同盟は存続させる方がよい。そのように論ずる右のディスコースは、まさしく伝統的な現実主義者の言い慣わしによって組み立てられている。すなわち、一方で「アメリカ嫌い」という個人的な「観念」に、「国家としての利益」「本当に困ったとき」という「現実」を対置する。しかし、「何が真の国益か」については、明らかにしない。次に、安全保障面、経済面において「困ったとき」に自力ではどうしようもなく、また中東から原油の供給を絶たれたら生存できない、という「脆弱感」を滲ませて不安を喚起する。こうして、聴衆に「日米同盟の継続か、あるいは日本の衰退か」という選択を迫る。

他方で、「本当の意味で力になる」のが同盟国の条件であるならば、当然に語られるべき「アメリカが本当に困ったとき」、果たして日本が「本当の意味で力になり得るのか」については語らない。かつて高坂正堯は、国家の生存だけでなく、「追求すべき価値」の問題を論じないならば「現実主義は現実追随主義に陥るか、もしくはシニシズムに堕する危険がある」と警告した。[*56] このとき高坂は、日本の現実主義に潜む退嬰的性格を見抜いていたのである。

脆弱感の作用

このようにみてくると、日本人をこの外交スタンスへ縛り付け、日米安保ディスコースに至当性を与えているものは、現実主義者のいう「現実」よりむしろ、「自らの力ではどうしようもない」という認識、すなわち「無力感」や「脆弱感」であることがわかる。

この心理を解剖してみると、日本人にはまず地理的な脆弱感があった。何よりも、遠く海や空を越え、中国近海を通過してやってくる原油や資源に全面的に依存しなければならないという経済、産業の構造は、のどもとにナイフを突きつけられた感覚に似ている。この脆弱感は、極東の辺境という「情報」が届きにくい地域に位置する日本が、本流から取り残されるのではないかという不安からも来ている。実際に、アメリカから自立して日本が一番困るのは、安全よりもそのもととなる「情報」、ないしこれまでアメリカが提供してくれた「諜報」の欠如かもしれない。

また、日本人の多くには、自国の政治、外交の無力感が生む脆弱感がある。アメリカの手を離れたら「日本が暴走するのではないか」という不安すら抱いている日本人もいる。憲法改正にまつわる一連の論争を追うと、「九条」を失ったら「自らに歯止めが利かなくなる」という不安が、ほかならぬ「日本の」反米左派の一部に共有されていることがわかる。

くわえて、日本人は、過去の記憶もあり、「近隣諸国に理解してもらえない」という諦めにも似た感覚を持つ。もしアメリカ軍が日本をあとにすれば、東アジア諸国は日本の軍国主義化を警戒し、軍備をいっそう強化するであろう。しかし、その警戒を解き、かれらを説得するため行うべき自国外交の力量に、信頼を寄せることができない。

さらに、日本人は、他国によって攻撃され、占領された場合に、「市民を動員して」国を防衛できるという見込みを抱くことができない。先に紹介した「国のために戦う」と答えた日本人の割合一五・六％という数値が、このことを物語っている。

しかも日本には、ナポレオンのフランスやヒトラーのドイツにより侵略、攪乱されたヨーロッパ諸国、いや過酷な帝国支配を経験した非西洋世界のほとんどの国々と異なって、外敵の侵入を実際に経験し、辛抱強くそれを「凌ぎ、撃退した」という記憶すらない。敵の侵入を許したら万事が終わりなのである。そこで日本人は、軍事超大国アメリカと協力して「抑止にあたる」しか方途が残されていないと考えている。

しかし世界には、資源を他国に依存し、大国に怯えるという日本と類似した条件にありながら、独力であるいは多国間集団安全保障の仕組み、市民防衛の体制を率先して作ることで防衛を達成しようとしている中小国も数多くみられる。独仏のように「政治的意思」によって隣国との脅威ゲームに終止符を打ち、敵国間の戦後融和の模範となった国々もある。

してみると、問われているのは同盟の存続か否かではなく、日本人による脆弱感からの「精神的な自立」であり、求められているのは恐怖心や脅威に負けない創造的な防衛感覚なのかもしれない。

注
＊1　猪口孝『現代日本政治の基層』ＮＴＴ出版、二〇〇二年、二二二頁。
＊2　読売新聞社世論調査部『日本の世論』弘文堂、二〇〇二年、三四七頁。
＊3　ジョン・ダワー、三浦陽一・高杉忠明訳『敗北を抱きしめて――第二次世界大戦後の日本人』下巻、岩波書店、二〇〇四年、三九六頁。

＊4　入江昭「太平洋戦争の教訓」細谷千博ほか編『太平洋戦争』東京大学出版会、一九九三年、六三〇頁。
＊5　飯倉章「占領期　一九四五～一九五二年」細谷千博監修『日本とアメリカ――パートナーシップの50年』ジャパンタイムズ、二〇〇一年、四頁。
＊6　和田春樹ほか「座談会　9・11事件と日米関係の現在」姜尚中ほか編『「日米関係」からの自立――9・11からイラク・北朝鮮危機まで』藤原書店、二〇〇三年、二一頁。引用発言は和田。
＊7　鈴木孝夫『日本人はなぜ日本を愛せないのか』新潮社、二〇〇六年、一四六頁。
＊8　高坂正僥・長谷川三千子「日米、戦後の五十年」『正論』一九九五年八月号、五四頁。引用発言は高坂。
＊9　押村高「戦争のもうひとつの語り方――国際関係における反実仮想の効用」『思想』二〇〇六年四月号、一三三頁。
＊10　前掲ダワー『敗北を抱きしめて』上巻、一〇頁。
＊11　佐伯啓思『国家についての考察』飛鳥新社、二〇〇一年、一五八頁。
＊12　長尾龍一「「アメリカの世紀」の幕切れは近い」『中央公論』一九九一年二月号、九一頁。
＊13　佐伯啓思『現代民主主義の病理――戦後日本をどう見るか』日本放送出版協会、一九九七年、四六頁。
＊14　猿谷要「望ましい日米関係の変化」『環』vol. 8、二〇〇二年冬、一四五頁。
＊15　寺島実郎「小泉外交の晩鐘――政治的現実主義の虚妄」『世界』二〇〇五年九月号、一四四頁。
＊16　竹中平蔵・櫻井よしこ『立ち上がれ！日本――「力強い国家」を創る戦略』PHP研究所、二〇〇一年、一五二頁。引用発言は櫻井。
＊17　日高義樹『日本人が知らないアメリカひとり勝ち戦略』PHP研究所、二〇〇四年、二一三頁。
＊18　江藤淳「「ごっこ」の世界が終ったとき」（初出『諸君！』一九七〇年一月号）、北岡伸一編『戦後日本外交論集――講和論争から湾岸戦争まで』中央公論社、一九九五年、二五八頁。
＊19　岩國哲人・西部邁ほか「座談会　明治以降の近代化と戦後のアメリカ化」伊藤憲一監修『日本のアイデンティティ――西洋でも東洋でもない日本』フォレスト出版、一九九九年、一四四頁。

＊20　寺島実郎「幻滅としてのアメリカ、希望としてのアメリカ――ＤＯＷ一万ドルとコソボ空爆をつなぐもの」『中央公論』一九九九年六月号、四〇頁。
＊21　前掲鈴木孝夫『日本人はなぜ日本を愛せないのか』一四六頁。
＊22　古森義久・田久保忠衛『反米論を撃つ』恒文社21、二〇〇三年、二三一頁。
＊23　加藤良三「未来につなぐ日米関係」『外交フォーラム』二〇〇五年三月号、二三頁。
＊24　朝倉敏夫「わたしたちはなぜ米・日本政府を支持したか」『論座』二〇〇三年一一月号、七四頁。
＊25　前掲竹中・櫻井『立ち上がれ日本！』一四一頁。引用発言は竹中。
＊26　前掲加藤良三「未来につなぐ日米関係」二四頁。
＊27　阿川尚之『それでも私は親米を貫く』勁草書房、二〇〇三年、一八頁。
＊28　前掲寺島「幻滅としてのアメリカ、希望としてのアメリカ」四〇頁。
＊29　前田哲男・飯島滋明編『国会審議から防衛論を読み解く』三省堂、二〇〇三年、一三三頁。
＊30　愛知和男ほか「座談会　海洋同盟としての日米同盟」伊藤憲一監修『21世紀日本の大戦略――島国から海洋国家へ』フォレスト出版、二〇〇〇年、一六八頁。
＊31　五百旗頭真「海洋同盟としての日米同盟」伊藤憲一監修『21世紀日本の大戦略――島国から海洋国家へ』フォレスト出版、二〇〇〇年、一三八―一四九頁。
＊32　サミュエル・Ｐ・ハンチントン「孤独な超大国」フォーリン・アフェアーズ・ジャパン編『ネオコンとアメリカ帝国の幻想』朝日新聞社、二〇〇三年、一三四頁。
＊33　マハティール・モハマド、加藤暁子訳『立ち上がれ日本人』新潮社、二〇〇三年、八三頁。
＊34　マイケル・Ｊ・グリーン「力のバランス」スティーヴン・Ｋ・ヴォーゲル編『対立か協調か――新しい日米パートナーシップを求めて』中央公論社、二〇〇二年、三一頁。
＊35　五百旗頭真ほか「座談会　占領・独立、そして現在」岡崎久彦編『歴史の教訓――日本外交・失敗の本質と21世紀の国家戦略』ＰＨＰ研究所、二〇〇五年、二〇九頁。

＊36　前掲読売新聞社世論調査部『日本の世論』三五一頁。
＊37　同前、二一〇頁。
＊38　同前、五〇三頁。
＊39　前掲前田・飯島編『国会審議から防衛論を読み解く』三一一頁。
＊40　前掲読売新聞社世論調査部『日本の世論』五〇六頁。
＊41　永野信利編『日本外交ハンドブック――重要資料・解説・年表』サイマル出版会、一九八一年、一一一頁。
＊42　前掲朝倉「わたしたちはなぜ米・日本政府を支持したか」七四頁。
＊43　西尾幹二「日本がアメリカから見捨てられる日」『正論』二〇〇三年七月号、一一一頁。
＊44　前掲猿谷要「望ましい日米関係の変化」一四五頁。
＊45　田久保忠衛「憂うべきは日米防衛摩擦だ」『諸君！』一九八九年一一月、八四頁。
＊46　坂元一哉『日米同盟の絆――安保条約と相互性の模索』有斐閣、二〇〇〇年、i―ii頁。
＊47　加藤紘一『新しき日本のかたち』ダイヤモンド社、二〇〇五年、一四七頁。
＊48　前掲江藤「ごっこの世界が終わったとき」二七〇頁。
＊49　前掲岩國哲人・西部邁ほか「座談会　明治以降の近代化と戦後のアメリカ化」一二九頁。
＊50　キャロル・グラック「歴史の偶然――アメリカのゆくえ」姜尚中ほか編『「日米関係」からの自立――9・11からイラク・北朝鮮危機まで』藤原書店、二〇〇三年、一八〇頁。
＊51　姜尚中ほか編『「日米関係」からの自立――9・11からイラク・北朝鮮危機まで』藤原書店、二〇〇三年、一六九、二一一頁。
＊52　アダム・S・ポーゼン「金融」スティーヴン・K・ヴォーゲル編『対立か協調か――新しい日米パートナーシップを求めて』中央公論社、二〇〇二年、三〇四頁。
＊53　北岡伸一『日本の自立――対米協調とアジア外交』中央公論新社、二〇〇四年、二五三頁。
＊54　押村高「歴史・文明と外交」渡辺昭夫編『現代日本の国際政策』有斐閣、一九九七年。

＊55　前掲加藤良三「未来につなぐ日米関係」二四頁。
＊56　高坂正僥「現実主義者の平和論」（初出『中央公論』一九六三年一月号）、北岡伸一編『戦後日本外交論集——講和論争から湾岸戦争まで』中央公論社、一九九五年、二一一頁。

参考・引用文献

欧文文献　＊邦訳書の入手が容易なものは，邦文欄に掲載した

Rawi Abdelal, *Capital Rules: The Construction of Global Finance*, Cambridge Mass.: Harvard University Press, 2009

Richard Ashley, “The Powers of Anarchy: Theory, Sovereignty, and the Domestication of Global Life”, James Der Derian (ed.), *International Theory: Critical Investigations*, London: MacMillan, 1955

Andrew J. Bacevich, *American Empire: The Realities & Consequences of U. S. Diplomacy*, Cambridge MA: Harvard University Press, 2002

Daniel Baggioni, *Langues et Nations en Europe*, Paris: Payot, 1997

Benjamin Barber, *Fear's Empire*, New York and London: W. W. Norton & Company, 2003

Jens Bartelson, *A Genealogy of Sovereignty*, Cambridge: Cambridge University Press, 1995

David Beetham, “The Future of the Nation State”, Gregor McLennan, David Held and Stuart Hall (eds), *The Idea of Modern State*, Buckingham: Open University Press, 1984

Christopher J. Bickerton, Philip Cunliffe and Alexander Gourevitsh, “Introduction: The Unholy Alliance against Sovereignty”, Bickerton, Cunliffe and Gourevitch (eds), *Politics without Sovereignty: A Critique of Contemporary International Relations*, Abingdon: University College London Press, 2007

Monica den Boer and Jaap de Wilde, "Top–Down and Bottom-Up Approaches to Human Security", Boer and Wilde (eds), *The Viability of Human Security*, Amsterdam: Amsterdam University Press, 2008

Mark R. Brawley, *The Politics of Globalization: Gaining Perspectives, Assessing Consequences*, Toronto: University of Toronto Press, 2008

Max Boot, "The Case for an American Empire", *Weekly Standard*, October 15, 2001

Fernand Braudel, *Civilisaton materielle, economie et capitalisme: XVe–XVIIIe siècle*, Paris: A. Colin, 1979, 3vols, III

Patrick J. Buchanan, *A Republic, Not an Empire: Reclaiming America's Destiny*, Washington, DC: Regnery Publishing, 1999

David Chandler, "Rethinking Global Discourses of Security", Chandler and Nik Hynek (ed.), *Critical Perspectives on Human Security: Rethinking Emancipation and Power in International Relations*, New York: Routledge, 2011

Linda Colley, *Britons: Forging the Nation 1707–1837*, London: Vintage, 1996

Bernard Cottret, *Histoire d'Anglettere: XVIe–XVIIIe siècle*, Paris: Press Universitaire de France, 1996

Leonard W. Cowie and Robert Wolfson, *Years of Nationalism: European History, 1815–1890*, London: Hodder & Stoughton, 1985

Robert W. Cox, "Social Forces, States and World Orders: Beyond International Relations Theory", *Millennium: Journal of International Studies*, Vol. 10, No. 2 (1981)

François Crouzet, *De la Supériorité de l'Angleterre sur la France*, Paris: Perrin, 1985

David Daniel, "Introduction", *Tyndale's New Testament*, New Haven: Yale University Press, 1989

John Darwin, *The Empire Project: The Rise and Fall of the British World-System 1830–1970*, Cambridge: Cambridge University Press, 2009

David Delaney, *Territory: A Short Introduction*, Malden & Oxford: Blackwell, 2005

Alexander Passerin d'Entrèves, *The Notion of the State: An Introduction to Political Theory*, Oxford University Press, 1967

James Der Derian, *On Diplomacy: A Genealogy of Western Estrangement*, Oxford and Cambridge MA: Blackwell, 1987

Kenneth L. Deutsch and John A. Murley, *Leo Strauss, the Straussians, and the American Regime*, Lanham: Rowman & Littlefield Publishers, INC, 1999

H. D. Dickinson（ed.）, *British Radicalism and the French Revolution: 1789–1815*, Oxford: Basil Blackwell, 1985

Jack Donnelly, "Beyond Realism and its Critics: The Decline of Structural Neo-Realism and Opportunities for Constructive Engagement", Stephanie Lawson（ed.）, *The New Agenda for International Relations*, Cambridge: Polity, 2002

Clive Emsley, "The Impact of the French Revolution on British Politics and Society", Ceri Crossley and Ian Small（ed.）, *The French Revolution and British Culture*, Oxford: Oxford University Press, 1989

Eric J. Evans, *The Forging of the Modern State: Early Industrial Britain, 1783–1870*, London & New York: Longman, 1983

Niall Ferguson, *Colossus: The Price of America's Empire*, New York: Penguin Press, 2004

Yale H. Ferguson and Richard W. Mansbach, "Political Space and Time", Ferguson and Mansbach, *Remapping Global Politics: History's Revenge and Future Shock*, Cambridge: Cambridge University Press, 2004

Maurice Flory, "Le Couple État-territoire en Droit International Contemporain", Bertrand Badie et Marie-Claude

Smouts (dir.), *L'International sans Territoire*, Paris: L'Harmattan, 1996

J. Galtung, "Violence, Peace, and Peace Research", *Journal of Peace Research*, Vol. 6 (1969)

———, "Cultural Violence", *Journal of Peace Research*, Vol. 27, No. 3 (1990)

Jack L. Goldsmith and Eric A. Posner, *The Limits of International Law*, Oxford: Oxford University Press, 2005

Oliver Goldsmith, "The Comparative View of Races and Nation", *The Royal Magazine's or Gentleman's Monthly Companion*, June 1760

Liah Greenfeld, *Nationalism: Five Roads to Modernity*, Cambridge, Mass.: Harvard University Press, 1992

Richard Haass, "Imperial America", *Foreign Affairs*, November 2000

———, *The Reluctant Sheriff: The United States After the Cold War*, New York: Council on Foreign Relations Press, 1977

Peter Haggenmacher, "L'État Souverain comme Sujet du Droit International: De Vitoria à Vattel", *Droits: Revue Francaise de Theorie Juridique*, No. 16: L'État, 2, Presses Universitaires de France, 1993

Rodeney B. Hall and Thomas J. Biersteker (ed.), *The Emergence of Private Authority in Global Governance*, Cambridge: Cambridge University Press, 2002

Stuart Hall, "The State in Question", Gregor Mc Lennan, David Held and Hall (eds), *The Idea of the Modern State*, Buckingham: Open University Press, 1984

William Haller, "John Fox and the Puritan Revolution", *The Seventeenth Century, the Volume in Honor of Robert Foster Jones*, Stanford: Stanford University Press, 1952

Stefan Halper and Jonathan Clarke, *America Alone: The Neo-Conservatives and the Global Order*, Cambridge: Cambridge University Press, 2004

Alexander Hamilton, "Federalist No. 6: Concerning Dangers from Dissension Between the States", in *the Federalist Papers*, Yale Law School Library, http://avalon.law.yale.edu/18th_century/fed 06.asp

Sohail H. Hashmi, "Pan-Islamism, State Sovereignty, and International Organization", Hashmi（ed.）, *State Sovereignty: Change and Persistence in International Relations*, Pennsylvania: Pennsylvania State University Press, 1997

Pierre Hassner, *La Terreur et L'Empire: la Violence et la Paix* II, Paris: Édition du Seuil, 2003

Michael Hechter and Margaret Levi, "The Comparative Analysis of Ethnoregional Movements", *Ethics and Racial Studies*, 2/3（1979）

John Hoffman, *Sovereignty*, Buckingham: Open University Press, 1998

Stanley Hoffmann with Frédéric Bozo, *Gulliver Unbound: America's Imperial Temptation and the War in Iraq*, Lanham: Rowman & Littlefield Publishers, INC, 2004

K. J. Holsti, *Taming the Sovereigns: Institutional Change in International Politics*, Cambridge: Cambridge University Press, 2004

Ted Hopf, "The Promise of Constructivism in International Relations Theory", *International Security*, No. 23（1998）

John Hutchinson and Anthony D. Smith（ed.）, *Nationalism*, Oxford: Oxford University Press, 1994

G. John Ikenberry, "Illusions of Empire: Defining the New American Order", *Foreign Affairs*, March/April（2004）

Robert Jackson, "Introduction", Jackson（ed.）, *Sovereignty at the Millennium*, Oxford: Blackwell, 1999

———, "Sovereignty in World Politics: a Glance at the Conceptual and Historical Landscape", *Political Studies*, Vol. 47, No. 3（1999）

Stephen Chalmers Johnson, *The Sorrows of Empire: Militarism, Secrecy, and the End of the Republic*, New York: Henry Holt & Company, 2004

Robert Kagan, "The Benevolent Empire", *Foreign Policy*, Winter (1998)

Lawrence Kaplan and William Kristol, *The War over Iraq: Saddam's Tyranny and America's Mission*, San Francisco: Encounter, 2003

Robert Keohane, "International Institutions: Two Approaches", *International Studies Quarterly*, Vol. 32, No. 4 (1988)

Pauline Kerr, "Human Security", Alan Collins (ed.), *Contemporary Security Studies*, Oxford: Oxford University Press, 2007

Stephen D. Krasner, *Sovereignty: Organized Hypocrisy*, Princeton: Princeton University Press, 1999

William Kristol and Robert Kagan, National Interests and Global Responsibility, reprinted from the Introduction to *Present Danger: Crisis and Opportunity in American Foreign Policy* (San Francisco: Encounter Books, 2000), cited in Irwin Stelzer (ed.), *The Neocon Reader* (New York: Grove Press, 2004)

Harold J. Laski, *The Foundations of Sovereignty and Other Essays*, New York: Harcourt Brace and Co., 1921

———, "International Government and National Sovereignty", Laski, *The Problem of Peace*, London: Oxford University Press, 1927

G. W. Leipniz, Caesarini Fuerstenerii tractatus de jure suprematus ac legationis prinsipum Germaniae, 1677, in *Die Werke von Leipniz*, edited by O. Klop, Hanover, 1872, Vol. 1, No. 6

Brian P. Levack, *The Formation of the British State: England, Scotland and the Union: 1603–1707*, Oxford: Clarendon Press, 1987

James Lindsay and Ivo Daalder, "It's Hawk vs. Hawk in the Bush Administration", *Washington Post*, 27 October 2002

Richard Little, "Reconfiguring International Political Space: The Significance of World History", Yale H. Ferguson and R. J. Barry Jones（eds）, *Political Space: Frontiers of Change and Governance in a Globalizing World*, New York: State University of New York Press, 2002

Steve Lonerrgan, Kent Gustavson, and Brian Carter, The Index of Human Insecurity, AVISO Bulletin Issue No. 6（2000）, http://www.gechs.org/aviso/AvisoEnglish/six.shtml

A. E. McGrath, *Reformation Thought: An Introduction*, Oxford: Blackwell, 1993

Warren L. McFerran, *Political Sovereignty: The Supreme Authority in the United States*, Sanford: Southern Liberty Press, 2005

Francesco Maiolo, *Medieval Sovereignty: Marsilius of Padua and Bartolus of Saxoferrato*, Delft: Eburon Academic Publishers, 2007

Helle Malmvig, *State Sovereignty and Intervention: A Discourse Analysis of Interventionary and Non-interventionary Practices in Kosovo and Algeria*, Abingdon: Routledge, 2006

Charles William Maynes, "The Perils of（and for）an Imperial America", *Foreign Policy*, Summer 1998

Ellen Meiksins Wood, *Empire of Capital*, London and New York: Verso, 2003

David Miller, *On Nationality*, Oxford: Clarendon Press, 1995

Prys Morgan, "From a Death to a View: The Hunt for the Welsh Past in the Romantic Period", *The Invention of Tradition*, ed. by Eric Hobsbawn and Terence Ranger, Cambridge: Cambridge University Press, 1983

John Morrill, "The Fashioning of Britain", *Conquest & Union: Fashioning a British State*, ed. by Steve G. Ellis and

Sarah Barber, London and New York: Longman, 1995

Anne Norton, *Leo Strauss and the Politics of American Empire*, New Haven and London: Yale University Press, 2004

Michael Oakeshott, "On the Character of a Modern European State", Oakeshott, *On Human Conduct*, Oxford: Oxford University Press, 1975

William E. Odom and Robert Dujarric, *America's Inadvertent Empire*, New Haven and London: Yale University Press, 2004

Daniel Philpot, "Ideas and the Evolution of Sovereignty", Sohsil H. Hashmi (ed.), *State Sovereignty: Changing and Persistence in International Relations*, Pennsylvania: The Pennsylvania State University, 1997

Dan Plesch, "Neo-conservative Thinking since the Onset of the Iraq War", Alex Danchev and John Macmillan (ed.), *The Iraq War and Democratic Politics*, London and New York: Routledge, 2005

J. G. A. Pocock, "British History: A Plea for a new Subject", *Journal of Modern History*, Vol. 47 (1975)

———, "The Limits and Divisions of British History", *American Historical Review*, Vol. 87, No. 2 (1982)

———, "History and Sovereignty: The Historiographical response to Europeanization in two British Cultures", *Journal of British Studies*, Vol. 31 (1992)

———, "Two Kingdoms and Three Histories: Political Thought in British Contexts", Scots and Britons: Scottish Political Thought and the Union of 1603, ed. by R. A. Mason, Cambridge: Cambridge University Press, 1994

———, "England", *National Consciousness*: History and Political Culture in Early-Modern Europe, ed. by Orest Ranum, Baltimore and London: The Johns Hopkins University Press, 1975

Heather Rae, *State Identities and the Homogenisation of Peoples*, Cambridge: Cambridge University Press, 2002

L.-J. Rataboul, *L'Anglicanisme*, Paris: Presses Universitaire de France, 1982

Philip G. Roeder, *Where Nation-States Come From: Institutional Change in the Age of Nationalism*, Princeton and Oxford: Princeton University Press, 2007

Robert I. Rotberg, The Failure and Collapse of Nation-Sates: Breakdown, Prevention, and Repair, Rotberg (ed.), *When States Fail: Causes and Consequences*, Princeton and Oxford: Princeton University Press, 2004

D. Rothchild and J. W. Harbeson, "The African State and State System in Flux", Rothchild and Harbeson (eds), *Africa in World Politics*, Boulder: Westview, 1999

Jean Roy, "Le Sentiment National et l'Idée de L'État", *Cahier de Philosophie Politique et Juridique*, No. 14 (1989)

Saskia Sassen, *Territory, Authority, and Rights: From Medieval to Global Assemblages*, Princeton and Oxford: Princeton University Press, 2006

Brian C. Schmidt, *The Political Discourse of Anarchy: A Disciplinary History of International Relations*, Albany: State University of New York Press, 1998

Hagen Schulze, *Etat et Nation dans l'Histoire de l'Europe*, trad. de l'Allemand par D.-A. Canal, Paris: Seuil, 1996

Hugh Seton-Watson, *Nations and States: An Enquiry into the Origins of Nations and the Politics of Nationalism*, London: Longman, 1977

Shahrbanou Tadjbakhsh and Anuradha M. Chenoy, *Human Security: Concepts and Implication*, New York: Routledge, 2007

Sir John Sinclair, *An Account of the Highland Society of London*, London: MacMIllan, 1813

Anthony D. Smith, *National Identity*, London: Penguin Books Ltd, 1991

———, "The Origin of Nations", *Ethics and Racial Studies*, No. 12/13（1989）

Irwin Stelzer（edited with and introduction by）, *The Neocon Reader*, New York: Grove Press, 2004

Ann Tickner, "Beyond Dichotomy: Conversations between International Relations and Feminist Theory", *International Studies Quarterly*, Vo. 42, Issue 1（1998）

Charles Tilly, "Reflections on the history of European state-making", Tilly（ed.）, *The Formation of National States in Western Europe*, Princeton: Princeton University Press, 1975

Tzvetan Todorov, *Le Nouveau Desordre Mondial: Réflexions d'un Européen*, Paris: Robert Laffont, 2003

Emerich de Vattel, *The Law of Nations, or Principles of the Law of Nature Applied to the Conflict and Affairs of Nations and Sovereigns*, London, 1797

R. B. J. Walker, *Inside/Outside: International Relations as Political Theory*, Cambridge: Cambridge University Press, 1992

Kenneth Waltz, *Theory of International Politics*, Columbus: MacGraw Hill, 1979

Marc Weller, *Escaping the Self-determination Trap*, Leiden: Martinus Nijhoff Publishers, 2008

Alexander Wendt, "Anarchy Is What States Make of It: The Social Construction of Power Politics", *International Organization*, No. 46（1992）

———, *Social Theory of International Politics*, Cambridge: Cambridge University Press, 1999

———, "Identity and Structural Change in International Relations", Yosef Lapid and Friedrich Kratochwil, *Return of Culture and Identity in IR Theory*, Boulder and London: Lynne Rienner Publishers, 1996

Blair Worden, "English Republicanism", *The Cambridge History of Political Thought*, ed. by J. H. Burns, Cambridge: Cambridge University Press, 1991

単行本

G・ジョン・アイケンベリー、鈴木康雄訳『アフター・ヴィクトリー』NTT出版、二〇〇四年
トマス・アクィナス、柴田平三郎訳『君主の統治について――謹んでキプロス王に捧げる』慶應義塾大学出版会、二〇〇五年
ジャック・アタリ、山内昶訳『所有の歴史――本義にも転義にも』法政大学出版局、一九九四年
猪口孝『現代日本政治の基層』NTT出版、二〇〇二年
エリ・ウィーゼル、川田順造編『介入？　人間の権利と国家の論理』藤原書店、一九九七年
大河原良雄『オーラルヒストリー日米外交』ジャパンタイムズ、二〇〇六年
岡崎久彦・阿川尚之『対論・日本とアメリカ』廣済堂出版、二〇〇二年
押村高『モンテスキューの政治理論――自由の歴史的位相』早稲田大学出版部、一九九六年
――編『帝国アメリカのイメージ――国際社会との広がるギャップ』早稲田大学出版部、二〇〇四年
マーティン・オルブロウ、佐藤康行・内田健訳『グローバル時代の社会学』日本経済評論社、二〇〇一年
ヨハン・ガルトゥング、高柳先男ほか訳『構造的暴力と平和』中央大学現代政治学双書、一九九一年
姜尚中編『日米関係からの自立――9・11からイラク・北朝鮮危機まで』藤原書店、二〇〇三年
カント、宇都宮芳明訳『永遠平和のために』岩波文庫、一九八五年
――、樽井正義・池尾恭一訳『カント全集Ⅱ　人倫の形而上学』岩波書店、二〇〇二年
北岡伸一『日本の自立――対米協調とアジア外交』中央公論新社、二〇〇四年
久保文明編『G・W・ブッシュ政権とアメリカの保守勢力――共和党の分析』日本国際問題研究所、二〇〇三年
ロビン・コーエン、駒井洋監訳『グローバル・ディアスポラ』明石書店、二〇〇一年

佐伯啓思『現代民主主義の病理――戦後日本をどう見るか』日本放送出版協会、一九九七年
坂元一哉『日米同盟の絆――安保条約と相互性の模索』有斐閣、二〇〇〇年
カール・シュミット、田中浩・原田武雄訳『政治神学』未來社、一九七一年
アラン・ジョクス著、逸見龍生訳『〈帝国〉と〈共和国〉』青土社、二〇〇三年
チャルマーズ・ジョンソン、屋代通子訳『帝国アメリカと日本――武力依存の構造』集英社新書、二〇〇四年
――、村上和久訳『アメリカ帝国の悲劇』文藝春秋社、二〇〇四年
杉山正明『遊牧民から見た世界史――民族も国境もこえて』日本経済新聞社、一九九七年
鈴木孝夫『日本人はなぜ日本を愛せないのか』新潮社、二〇〇六年
スーザン・ストレンジ、櫻井公人ほか訳『マッド・マネー――世紀末のカジノ資本主義』岩波現代文庫、二〇〇九年
スピノザ、畠中尚志訳『国家論』岩波文庫、一九四〇年
――、畠中尚志訳『神学・政治論』岩波文庫、一九四四年
ジョン・ダワー、三浦陽一・高杉忠明訳『敗北を抱きしめて――第二次世界大戦後の日本人』上・下、岩波書店、二〇〇四年
ベンノ・テシィケ、君塚直隆訳『近代国家体系の形成――ウェストファリアの神話』桜井書店、二〇〇八年
スティーヴン・トゥールミン、藤村龍雄・新井浩子訳『近代とは何か――その隠されたアジェンダ』法政大学出版局、二〇〇一年
エマニュエル・トッド、石崎晴己訳『帝国以後』藤原書店、二〇〇三年
ジョセフ・S・ナイ、山岡洋一訳『アメリカへの警告――21世紀国際政治のパワー・ゲーム』日本経済新聞

社、二〇〇二年
ヒューム、田中敏弘訳『道徳・政治・文学論集』名古屋大学出版会、二〇一一年
フォーリン・アフェアーズ・ジャパン編『ネオコンとアメリカ帝国の幻想』朝日新聞社、二〇〇三年
ジェレミー・ブラック、関口篤訳『地図の政治学』青土社、二〇〇一年
ヘーゲル、長谷川宏訳『法哲学講義』作品社、二〇〇〇年
トマス・ホッブズ、本田裕志訳『市民論』京都大学学術出版会、二〇〇八年
マイケル・マン、岡本至訳『論理なき帝国』NTT出版、二〇〇四年
マハティール・モハマド、加藤暁子訳『立ち上がれ日本人』新潮社、二〇〇三年
クリストファー・モリス、平井正樹訳『宗教改革時代のイギリス政治思想』刀水書房、一九八一年

論文・評論（単行本に収められているもの）

愛知和男ほか「座談会　海洋同盟としての日米同盟」伊藤憲一監修『21世紀日本の大戦略――島国から海洋国家へ』フォレスト出版、二〇〇〇年
飯倉章「占領期　一九四五～一九五二年」、細谷千博監修『日本とアメリカ――パートナーシップの50年』ジャパンタイムズ、二〇〇一年
五百旗頭真「海洋同盟としての日米同盟」伊藤憲一監修『21世紀日本の大戦略――島国から海洋国家へ』フォレスト出版、二〇〇〇年
五百旗頭真ほか「座談会　占領・独立、そして現在」岡崎久彦編『歴史の教訓――日本外交・失敗の本質と21世紀の国家戦略』PHP研究所、二〇〇五年
入江昭「太平洋戦争の教訓」細谷千博ほか編『太平洋戦争』東京大学出版会、一九九三年

岩國哲人・西部邁ほか「座談会　明治以降の近代化と戦後のアメリカ化」伊藤憲一監修『日本のアイデンティティ――西洋でも東洋でもない日本』フォレスト出版、一九九九年
押村高「歴史・文明と外交」渡辺昭夫編『現代日本の国際政策』有斐閣、一九九七年
――「国民アイデンティティの流動化――ポスト産業化、グローバル化、EU深化のなかで」支倉寿子・押村編『21世紀ヨーロッパ学――伝統的イメージを検証する』ミネルヴァ書房、二〇〇二年
――「断片化するアカウンタビリティ――日本におけるグローバル化と政治的責任概念の変化」眞柄秀子編『デモクラシーとアカウンタビリティ――グローバル化する政治責任』風行社、二〇一〇年
――「地域統合と主権ディスコース――EU事例と東アジアへの適用」山本吉宣・羽場久美子・押村編『国際政治から考える東アジア共同体』ミネルヴァ書房、二〇一二年
キャロル・グラック「歴史の偶然――アメリカのゆくえ」姜尚中ほか編『「日米関係」からの自立――9・11からイラク・北朝鮮危機まで』藤原書店、二〇〇三年
栗栖薫子「人間の安全保障――主権国家システムの変容とガバナンス」赤根谷達雄・落合浩太郎編『新しい安全保障論の視座』亜紀書房、二〇〇一年
マイケル・J・グリーン「力のバランス」スティーヴン・K・ヴォーゲル編『対立か協調か――新しい日米パートナーシップを求めて』中央公論社、二〇〇二年
カール・シュミット、長尾龍一訳「ジャン・ボダンと近代国家の成立」『カール・シュミット著作集Ⅱ』慈学社出版、二〇〇七年
サミュエル・P・ハンチントン「孤独な超大国」フォーリン・アフェアーズ・ジャパン編『ネオコンとアメリカ帝国の幻想』朝日新聞社、二〇〇三年
フーコー、石田英敬・小野正嗣訳「一九七六年コレージュ・ド・フランスにおける講義」『社会は防衛しな

ければならない』筑摩書房、二〇〇七年
アダム・S・ポーゼン「金融」スティーヴン・K・ヴォーゲル編『対立か協調か――新しい日米パートナーシップを求めて』中央公論社、二〇〇二年
和田春樹ほか「座談会　9・11事件と日米関係の現在」姜尚中ほか編『「日米関係」からの自立――9・11からイラク・北朝鮮危機まで』藤原書店、二〇〇三年

雑誌論文

青井千由紀「人間の安全保障――現実主義の視点から」『国際安全保障』第三〇巻第三号、二〇〇二年
朝倉敏夫「わたしたちはなぜ米・日本政府を支持したか」『論座』二〇〇三年一一月号、二〇〇三年
江藤淳「「ごっこ」の世界が終ったとき」初出『諸君!』一九七〇年一月号、北岡伸一編『戦後日本外交論集――講和論争から湾岸戦争まで』中央公論社、一九九五年
押村高「最強者のおののき――帝国論争から読むアメリカの背理」『思想』二〇〇五年七月号
――「戦争のもうひとつの語り方――国際関係における反実仮想の効用」『思想』二〇〇六年四月号
――「同盟・基地・沖縄――なぜ日本は思考停止に陥るのか」『中央公論』二〇一一年第一〇号
加藤良三「未来につなぐ日米関係」『外交フォーラム』二〇〇五年三月号
高坂正堯「現実主義者の平和論」初出『中央公論』一九六三年一月号、北岡伸一編『戦後日本外交論集――講和論争から湾岸戦争まで』中央公論社、一九九五年
高坂正堯・長谷川三千子「日米、戦後の五十年」『正論』一九九五年八月号
猿谷要「望ましい日米関係の変化」『環』vol. 8、二〇〇二年冬
寺島実郎「幻滅としてのアメリカ、希望としてのアメリカ――DOW一万ドルとコソボ空爆をつなぐもの」

『中央公論』一九九九年六月号
――「小泉外交の晩鐘――政治的現実主義の虚妄」『世界』二〇〇五年九月号
長尾龍一「「アメリカの世紀」の幕切れは近い」『中央公論』一九九一年二月号
中山俊宏「ウォルフォウィッツ的思考とは何か」『フォーサイト』二〇〇五年三月号
前原誠司「外交・安保政策のコペルニクス的転回―求められる日本の主体性」『論座』二〇〇三年一一月号

資料・その他

電通総研・日本リサーチセンター編『世界60カ国価値観データブック』同友館、二〇〇四年
NHK放送文化研究所編『現代日本人の意識構造』日本放送出版協会、二〇〇四年
永野信利編『日本外交ハンドブック――重要資料・解説・年表』サイマル出版会、一九八一年
前田哲男・飯島滋明編『国会審議から防衛論を読み解く』三省堂、二〇〇三年
読売新聞社世論調査部『日本の世論』弘文堂、二〇〇二年

あとがき

本書は、著者が公表してきた国民国家やナショナリズムの論考に加筆、修正をほどこし、一書に纏めたものである。各章の初出と原題は次のとおり。

序　章　書き下ろし

第一章　「領土概念の定着とその矛盾」押村編『越える――境界なき政治の予兆』風行社、二〇一〇年

第二章　「ディスコースとしての主権（上）――知がもたらす秩序の役割と限界」『青山国際政経論集』第八五号、二〇一一年

第三章　「ディスコースとしての主権（下）――主権批判の系譜と射程」『青山国際政経論集』第八六号、二〇一二年

第四章　「国家の安全保障と人間の安全保障」『国際問題』第五三〇号、二〇〇四年

第五章　「ネイション」佐藤正志・添谷育志編『政治概念のコンテクスト』早稲田大学出版部、一九九九年

第六章　「ネイション」　同右
第七章　「最強者のおののき」『思想』第九七五号、二〇〇五年
第八章　「ディスコースとしての日米同盟」山本吉宣・武田興欣編『アメリカ政治外交のアナトミー』国際書院、二〇〇六年

「歴史を持たぬもののみが定義可能である」とは、ニーチェ『道徳の系譜』（2―13）の至言だが、これを裏返すと、人間の歴史そのものともいえる国家を定義することは不可能という結論に至る。国家を論ずる書物は、およそ定義不能な代物を取り扱おうとしている点で、最初から失敗を運命付けられているのかもしれない。

意味ある『国家論』を著すには新しい仕掛けが必要だと考えた著者は、国家を統一体とみてその本質を解明するのではなく、由来からして矛盾に満ち、解体の契機を宿した現象として国家を批判的に観察するという戦略、つまり「矛盾を矛盾のままにおく」という手法を選択した。

さらに、本書で著者は、国家の実践に強い影響を与えたディスコースやナラティヴに焦点を合わせ、国家がこれまで解体を免れてきたとすれば、学問や思想がそこに現実性や至当性を付与した結果であることを明らかにしようとした。

このコンストラクティヴィスト的な手法が持つメリットとは、それを用いると、国家を過度に一般化することなく、矛盾の「表出の仕方の違い」こそが、各地域でそれぞれ異なった理由から国家が機

能不全に陥ってゆく原因であることを、理解できる点にある。

今日、国家に関する論争軸は、次の二つであろう。

まず、グローバル化や地域統合の進展の中での主権や領土管轄権のマイナス面を指摘する側と、グローバル化の中での国家によるリスク管理やマーケット・パワー規制の有効性を強調する側、この二つを隔てる軸がある。

つぎに、国家やナショナリズムの抑圧性や「非倫理性」を暴露し、差別と抑圧の無いボーダーレスな世界を構想するものと、D・ミラーに象徴されるごとく、ナショナルな空間を人間幸福の一条件と考えその実体化を試みようとするもの、この二つの間にも分断線が引かれている。

しかしながら、国家を論ずる者に「あれかこれか」の選択を迫るこれらの軸は、いずれの陣営も現象の一側面をあたかも全体であるかのように描くなど、国家やナショナリズムの地域的な個性や発展段階の多様性を理解するさいの障害になり得ると思われた。

もし、国家の危機を、その二重性やアンビバレンスの発現と捉えれば、さらにまた、矛盾を抱えるものでも人類の福利に貢献し得る場合があると考えれば、われわれは、国家がなぜしばしば危機に陥ってゆくのかの理由ばかりでなく、国家がなぜ蘇りを果たすのかの理由にも、より接近できるかもしれない。

いずれにしても本書は、国家論争を一方向に収斂させ、何らかの結論を導こうとするものではなく、むしろ新しい秩序への想像力と創造力を掻き立てるような、前向きの議論をおこすことを意図している。本書が国家やナショナリズムについて「角度をずらして」考える機会を読者に提供し得るならば、著者にとってこれに勝る喜びはない。

国家についての論考を準備するにあたって、様々な方のお世話になった。ここですべてのお名前をあげることはできないが、とくに近年における著者の論考に対し書評やコメントをお寄せいただいた横田洋三、井上達夫、苅部直、納家政嗣、越智敏夫、石田淳、袴田茂樹、菅波英美、山崎望の各先生には、お礼を申し述べたい。

本造りでご一緒するのが二度目となる法政大学出版局の奥田のぞみさんからは、ロジックや文章をより明晰にするためのアドバイスをいただいた。本書を読み返すたびに、奥田さんにいかに多くを負っているか実感する。心より感謝を申し上げたい。

二〇一三年六月一〇日

押村　高

136
ヘンデル　Georg Friedrich Händel　162
ヘンリー 8 世　Henry VIII　139, 143-144, 146
ホイートン　Henry Wheaton　76
ホール　Edward Hall　146
ポコック　J. G. A. Pocock　148, 172-173, 176
ボダン　Jean Bodin　59
ホッブズ　Thomas Hobbes　59, 61-67, 150
ホメロス　Homēros　163
ホルスティ　K. J. Holsti　42

マ　行

マールバラ　John Churchill Marlborough　163
前原誠司　233-234
マキアヴェリ　Niccolo Machiavelli　31
マハティール　Mahathir bin Mohamad　225
マルカスター　Richard Mulcaster　146
丸山真男　216
マン　Michael Mann　179-180, 193-194, 199-201, 203
ミルトン　Jonh Milton　136
メアリー　Mary I　148
メインズ　Charles William Maynes　184
モア　Thomas More　144

ヤ・ラ行

吉田茂　222, 227
ライス　Condoleezza Rice　198
ライプニッツ　Gottfried Wilhelm Leibniz　63
ラスキ　Harold Joseph Laski　86
ラムズフェルド　Donald Henry Rumsfeld　186, 188
リーヴス　John Reeves　160
リリー　William Lilye　146
ルイ 14 世　Louis XIV　74
ルソー　Jean-Jacques Rousseau　86
ルター　Martin Luther　145
レヴァック　Brian Levack　139, 147
レーガン　Ronald Wilson Reagan　181, 186
レーダー　Philip G. Roeader　39
レーニン　Vladimir Lenin　181
ローリー　Walter Raleilgh　163

ティックナー　Ann Tickner　90
ティリー　Charles Tilly　33
ティンダル　William Tyndale　145
デカルト　Rene Descartes　64
寺島実郎　219, 223
デリダ　Jacques Derrida　88
トゥールミン　Stephen Toulmin　68
トッド　Emmanuel Todd　191–192, 194
トドロフ　Tzvetan Todorov　180
トムソン　James Thomson　162

ナ　行

ナイ　Joseph S. Nye　198–199
長尾龍一　217
中曽根康弘　223
ナポレオン　Napoleon Bonaparte　74, 239
西尾幹二　230
西部邁　232

ハ　行

バーカー　Ernest Barker　86
バーク　Edmund Burke　136, 140
ハース　Richard Haass　182–183
パーソンズ　Talcott Parsons　194
ハーパー　Stefan Halper　194
バーバー　Benjamin Barber　188–190, 203
ハインドマン　Henry Mayers Hyndman 169
ハドソン　George Hudson　161
鳩山由紀夫　213
ハミルトン　Alexander Hamilton　84
ハリソン　William Harrison　146
ハリファックス　Marquis of Halifax 152
ハリントン　James Harrington　158
ハンチントン　Samuel P. Huntington 224
ピアソン　Charles Pearson　165
ヒトラー　Adolf Hitler　239
ヒューム　David Hume　74–75, 152
ファーガソン　Niall Ferguson　197, 199
ファーガソン　200–201, 203
フィヒテ　Johann Gottlieb Fichte　136
フーコー　Michel Foucault　87–88
ブート　Max Boot　185–186
ブキャナン　Patrick J. Buchanan　184
フセイン　Saddam Hussein　121, 187, 189
ブッシュ Jr　George W. Bush　179–180, 186–191, 193, 196–197, 199–201, 204, 227, 234–235
ブッシュ Sr　George H. W. Bush　186–187
プライス　Richard Price　159
ブラック　Jeremy Black　32
ブラックストーン　William Blackstone 140, 151
プリーストリ　Joseph Priestley　159
フリードリヒ 3 世　166
ブレイク　William Blake　136, 162
ブローデル　Fernand Braudel　142
ヘイウッド　Thomas Heywood　146
ベイセヴィッチ　Andrew J. Bacevich 182
ベイル　John Bale　146
ヘーゲル　Georg Wilhelm Friedrich Hegel　72
ベック　Ulrich Beck　189
ベッターティ　Mario Bettati　108
ベリ　Pierino Belli　61
ヘルダー　Johann Gottfried von Herder

per　163
クラーク　Jonathan Clarke　194
グラック　Carol Gluck　232
グラッドストーン　William Ewart Gladstone　167–168
グリーンフェルド　Liah Greenfeld　135–136, 139
クリストル　William Kristol　186
クリントン　Bill Clinton　187, 199, 204
クルゼ　François Crouzet　142
グロティウス　Hugo Grotius　61
クロムウェル　Oliver Cromwell　136
ケーガン　Robert Kagan　183, 186
ケリー　John Forbes Kerry　199
小泉純一郎　217
高坂正堯　233, 237
コーエン　Robin Cohen　53
コール　G. D. H. Cole　86
ゴールドスミス　Oliver Goldsmith　151–152
コブデン　Richard Cobden　165
コリー　Linda Colley　141, 148, 174–175
コレット　John Colet　146

サ　行

佐伯啓思　216–217
猿谷要　217, 230
シートン＝ワトソン　H. Seton-Watson　137
シェイクスピア　William Shakespeare　146
ジェームズ1世　James I　145
ジェンティーリ　Alberico Gentili　61
シャルルマーニュ（カール大帝）　Charlemagne　28
シュトラウス　Leo Strauss　186
シュミット　Carl Schmitt　59, 76
ジョージ1世　George I　162
ジョージ3世　George III　151, 163
ジョックス　Alain Joxe　204
ジョンソン　Chalmers Ashby Johnson　184–185, 192, 203
シンクレア　John Sinclair　175
スウィフト　Jonathan Swift　152
杉山正明　37
鈴木孝夫　216
スターキー　Thomas Starkey　140
ストレンジ　Susan Strange　7
スピノザ　Baruch de Spinoza　59, 63–65, 69
スペンサー　Edmund Spenser　146
スマイルズ　Samuel Smiles　164
スミス　Anthony D. Smith　136
ソールズベリ　3rd Marquess of Salisbury　167

タ　行

ダーウィン　Charles Robert Darwin　137, 165
ダーデリアン　James Der Derian　88
田久保忠衛　230
竹中平蔵　222
ダナリー　Thomas Donnelly　186
ダワー　John W. Dower　214
チェイニー　Richard Bruce Cheney　186, 188
チェンバレン　Houston Stewart Chamberlain　165
チャールズ1世　Charles I　147, 149–150
ディキンソン　H. T. Dickinson　160
ディズレーリ　Benjamin Disraeli　161, 167

人名索引

ア　行

アイケンベリー　John Ikenberry　195-197, 199-203
愛知和男　224
アクィナス　Thomas Aquinas　60
アシュリー　Richard Ashley　88, 90-91, 94, 102
アスネール　Pierre Hassner　191
アナン　Kofi Atta Annan　122
アヤラ　Balthasar de Ayala　61
アルバート公　Albert　166
五百旗頭真　225
イグナティエフ　Michael Ignatieff　122
岩國哲人　219
ヴァッテル　Emer de Vattel　59, 71-72
ヴィクトリア女王　Victoria　166-167
ヴィトリア　Francisco de Vitoria　61, 63
ウィルソン　Thomas Woodrow Wilson　47
ヴィルヘルム2世　Wilhelm II　166
ウェーバー　Max Weber　35, 115
ウェリントン　Arthur Wellesley Wellington　163
ウェント　Alexander Wendt　88, 90, 92-94, 102
ウォーカー　R. B. J. Walker　90, 102
ウォルツ　Kenneth Neal Waltz　73
ウォルフォウィッツ　Paul Wolfowitz　186-187, 203
ウォルポール　Robert Walpole　157, 162
ウッド　Ellen Meiksins Wood　181
エヴァンス　Eric J. Evans　141
エールマー　John Aylmer　144
江藤淳　218, 231
エルシュテイン　Jean Bethke Elshtain　88
エンゲルス　Friedrich Engels　161
オークショット　Michael Oakeshott　71
オバマ　Barack Hussein Obama　181
オプラー　Alfred C. Oppler　217
オルブロウ　Martin Albrow　53

カ　行

カール5世　Karl V　74
カイエータン　Thomas de Vio Cajetan　62-63
加藤紘一　231
加藤良三　223
カムデン　William Camden　146
川口順子　227
カント　Immanuel Kant　75-77
北岡伸一　233
キッド　Benjamin Kidd　165
キップリング　Joseph Rudyard Kipling　168
ギデンズ　Anthony Giddens　93
クーパー，ウィリアム　William Cow-

《著者紹介》

押村 高（おしむら たかし）
1956年東京都生まれ．早稲田大学大学院政治学研究科博士課程修了．博士（政治学）．青山学院大学国際政治経済学部教授（政治学，国際関係論）・同学部長．
主要著作に『モンテスキューの政治理論――自由の歴史的位相』早稲田大学出版部，1996年．『国際正義の論理』講談社現代新書，2008年．『国際政治思想――生存，秩序，正義』勁草書房，2010年．監修・編著に『世界政治叢書 全10巻』ミネルヴァ書房，刊行中．『国際政治から考える東アジア共同体』（共編）ミネルヴァ書房，2012年など．

サピエンティア 32

国家のパラドクス
ナショナルなものの再考

2013年7月10日　初版第1刷発行

著 者　押村 高
発行所　財団法人法政大学出版局
〒102-0071 東京都千代田区富士見2-17-1
電話 03(5214)5540／振替 00160-6-95814
製版・印刷　三和印刷／製本　誠製本
装 幀　奥定泰之

ISBN 978-4-588-60332-7　Printed in Japan

25　正義のフロンティア　障碍者・外国人・動物という境界を越えて
マーサ・C. ヌスバウム／神島裕子訳　　5200円

26　文化のハイブリディティ
P. バーク／河野真太郎訳　　2400円

28　土着語の政治　ナショナリズム・多文化主義・シティズンシップ
W. キムリッカ／岡﨑晴輝・施光恒・竹島博之監訳　　5200円

29　朝鮮独立への隘路　在日朝鮮人の解放五年史
鄭栄桓著　　4000円

30　反市民の政治学　フィリピンの民主主義と道徳
日下 渉著　　4200円

31　人民主権について
鵜飼健史著　　近刊

32　国家のパラドクス　ナショナルなものの再考
押村 高著　　3200円

12　変革する多文化主義へ　オーストラリアからの展望
塩原良和著　　3000円

13　寛容の帝国　現代リベラリズム批判
W. ブラウン／向山恭一訳　　4300円

14　文化を転位させる　アイデンティティ・伝統・第三世界フェミニズム
U. ナーラーヤン／塩原良和監訳　　3900円

15　グローバリゼーション　人間への影響
Z. バウマン／澤田眞治・中井愛子訳　　2600円

16　スターリンから金日成へ　北朝鮮国家の形成　1945〜1960年
A. ランコフ／下斗米伸夫・石井友章訳　　3300円

17　「人間の安全保障」論　グローバル化と介入に関する考察
M. カルドー／山本武彦・宮脇昇・野崎孝弘訳　　3600円

18　アメリカの影のもとで　日本とフィリピン
藤原帰一・水野善子編著　　3200円

19　天皇の韓国併合　王公族の創設と帝国の葛藤
新城道彦著　　4000円

20　シティズンシップ教育論　政治哲学と市民
B. クリック／関口正司監訳　　3200円

21　ニグロとして生きる　エメ・セゼールとの対話
A. セゼール，F. ヴェルジェス／立花英裕・中村隆之訳　　2600円

22　比較のエートス　冷戦の終焉以後のマックス・ウェーバー
野口雅弘著　　2900円

23　境界なきフェミニズム
C. T. モーハンティー／堀田碧監訳　　3900円

24　政党支配の終焉　カリスマなき指導者の時代
M. カリーゼ／村上信一郎訳　　3000円

サピエンティア（表示価格は税別です）

01　アメリカの戦争と世界秩序
菅 英輝編著　3800円

02　ミッテラン社会党の転換　社会主義から欧州統合へ
吉田 徹著　4000円

03　社会国家を生きる　20世紀ドイツにおける国家・共同性・個人
川越修・辻英史編著　3600円

04　パスポートの発明　監視・シティズンシップ・国家
J. C. トーピー／藤川隆男監訳　3200円

05　連帯経済の可能性　ラテンアメリカにおける草の根の経験
A. O. ハーシュマン／矢野修一ほか訳　2200円

06　アメリカの省察　トクヴィル・ウェーバー・アドルノ
C. オッフェ／野口雅弘訳　2000円

07　半開きの〈黄金の扉〉　アメリカ・ユダヤ人と高等教育
北 美幸著　3200円

08　政治的平等とは何か
R. A. ダール／飯田文雄・辻康夫・早川誠訳　1800円

09　差異　アイデンティティと文化の政治学
M. ヴィヴィオルカ／宮島喬・森千香子訳　3000円

10　帝国と経済発展　途上世界の興亡
A. H. アムスデン／原田太津男・尹春志訳　2800円

11　冷戦史の再検討　変容する秩序と冷戦の終焉
菅 英輝編著　3800円